Evelyn-Nicole Lefèvre-Sandt

Immobilienmakler – Vermittler zwischen Angebot & Nachfrage

Grabener Fachbuch

Evelyn-Nicole Lefèvre-Sandt

Immobilienmakler – Vermittler zwischen Angebot & Nachfrage

Der Kunde ist der Mittelpunkt des Maklergeschäftes: Von der Idee zum Konzept, mit System, Strategie und Motivation zum Erfolg

Grabener Fachbuch

Bibliografische Information der Deutschen Bibliothek
Die Deutsche Nationalbibliothek verzeichnet diese Publikation in der Deutschen Nationalbibliografie; detaillierte bibliografische Daten sind im Internet über http://dnb.d-nb.de abrufbar.

Grabener Verlag GmbH
Fachverlag · seit 1984
Niemannsweg 8 · 24105 Kiel
Internet: www.grabener-verlag.de
E-Mail: info@grabener-verlag.de
Telefon: 0431 - 560 1 560
Fax: 0431 - 560 1 580

Autorin: Evelyn-Nicole Lefèvre-Sandt
Vorwort: Heribert Müller-Salomon
Lektorin: Gunna Westphal
Umschlaggestaltung: Astrid Grabener
Foto Umschlag: Patrick Hoesly | Flickr
Satz: Petra Matzen | Grabener Verlag
Druck: hansadruck | Kiel
Printed in Germany

2. Auflage 03/2013
1. Auflage 12-2012/01-2013

2. Auflage 2013
ISBN 978-3-925573-491
24,50 Euro [D]

Dieser Titel ist auch als eBook erhältlich: ISBN 978-3-925573-552

Inhaltsverzeichnis

Wir weisen darauf hin, dass wir wegen des besseren Leseflusses in diesem Buch Frauen und Männer gleichermaßen ansprechen, ohne jedesmal die geschlechtsspezifische Schreibweise zu verwenden.

Vorwort zur 2. Auflage

Heribert Müller-Salomon

Ziel dieses Fachbuches, das speziell für Vermittler im Wohnimmobilien-Bereich konzipiert wurde, ist es, dem Profi-Makler vor Ort, ebenso wie dem Nachwuchs ein fachlich fundiertes Werkzeug zum Selbststudium des Maklerberufs an die Hand zu geben. Vermittelt werden sowohl Grundlagen des Immobilieneinkaufs als auch des Immobilienverkaufs. Kundengewinnung und Kundenpflege werden als Bausteine erfolgreicher und professioneller Maklerarbeit beschrieben. Die Autorin verbindet die Vermittlung theoretischer Grundlagen auf verständliche Weise mit zahlreichen praktischen Tipps für den Makleralltag. Sie veranschaulicht dabei ebenso traditionelle Marketingwege wie neue technische Möglichkeiten.

Immobilienvermittlung ist weniger Kunst als Handwerk, das erlernt werden kann, gerade in Zeiten, in denen Immobilien als Kapitalanlage oder zur Eigennutzung besonders gefragt sind. Der Immobilienmarkt wächst, manche sprechen sogar von einem Boom. Die Vermittlungszahlen steigen nicht nur bei den großen Maklergesellschaften. Allerdings steigen auch die Ansprüche der Kunden an die Makler. Kunden erwarten eine solide, nachvollziehbare Gegenleistung für die von ihnen gezahlte Courtage. Viele Makler z. B. der LBS Immobilien geben mittlerweile ein Leistungsversprechen und machen damit ihre Dienstleistung transparent und für den Kunden nachvollziehbar, was sich auch auf die Durchsetzung der Courtage positiv auswirkt.
Insbesondere in städtischen Regionen sind mittlerweile viele Käufer kompromissbereiter und zahlen höhere Kaufpreise als noch vor einigen Jahren. Allerdings überschätzen manche Kaufinteressenten ihre finanziellen Möglichkeiten bzw. die Kosten für Renovierung und Sanierung von Gebrauchtimmobilien. Hier bedarf es eines Maklers mit Fachwissen, Kenntnissen vom Markt und dem Wissen, welche Kosten diese Maßnahmen verschlingen können.

Für einen Immobilienmakler ist es unabdingbar über eine solide Fachausbildung sowie psychologisches Feingefühl zu verfügen und er sollte heute mehr denn je Netzwerker sein. Dies betrifft nicht nur die verschiedenen Informationsnetzwerke in der Akquise sondern auch die Netzwerke großer Maklerorganisationen, die zur Aus- und Weiterbildung einen entscheidenden Beitrag leisten können.

Immobilienmakler werden professioneller, sie organisieren sich und investieren in die eigene Ausbildung. Hier leistet dieses Buch einen entscheidenden Beitrag, indem es Fachwissen in verständlicher und kompakter Form vermittelt.

Heribert Müller-Salomon
Vertriebsleiter LBS Immobilien GmbH Hessen/Thüringen

1. Den Markt beherrschen

1.1 Informiert und bekannt durch Zuträger

„Nur gemeinsam sind wir stark." Das gilt auch im scheinbaren Einzelkämpfer- und Selfmade-Geschäft der Makler. Die größte Maklerpersönlichkeit ist, wer auf leistungsfähige Zuträger bauen kann. Dieses Netzwerk liefert Antworten auf die Kernfrage, die sich im aktuellen Marktgeschehen vor allem für Neu- und Quereinsteiger stellt: „Wie finde ich Immobilien?" Nur wenn der Zufluss von neuen Objekten stimmt, kann später auch der Verkauf (siehe Kapitel 2.2) reibungslos ablaufen und Erträge generieren. Doch selbst wenn der Markt sich eines Tages wieder drehen und eine Immobilienschwemme auftreten sollte, werden gute Verbindungen bei der Suche nach den dann knappen Käufern wertvolle Dienste leisten.

Vorerst entfaltet eine starke Zuträgergemeinschaft oder auch ein Zuträgernetzwerk in erster Linie beim Akquirieren neuer Immobilien eine große Wirkung. Unter „Netzwerk" wird in der Branche oft die Zusammenarbeit mehrerer Makler untereinander verstanden. Doch das ist hier erst in zweiter Linie gemeint. Beim Akquisenetzwerk geht es vielmehr darum, einen Kreis möglichst produktiver Zuträger aus allen möglichen Branchen und Umfeldern zu schaffen, der einen ständigen Wissensfluss über neu am Markt auftauchende Immobilien zum Makler lenkt. Die Zuträgerschaft lässt sich in zwei Kategorien aufteilen: Tippgeber weisen den Makler direkt auf interessante Immobilien oder auf mögliche Kunden hin, sowohl auf der Verkäufer- als auch auf der Käuferseite. Kontaktmittler geben umgekehrt die Kontaktdaten des Maklers an mögliche Kunden weiter und überlassen es damit den Kunden, ob und wie sie Kontakt aufnehmen.

Immobilienakquise mithilfe eines solchen Systems vervielfacht die eigenen Kräfte. Denn wer auf der Suche nach interessanten Objekten eine ganze Region oder eine Stadt allein erschließen will, reibt sich schnell auf. Zugegebenermaßen ist es einfacher, die Angebotsspalten im Immobilienteil der Zeitung oder auf einem Internetportal durchzugehen, als den Kontakt zu aktiven Informanten zu pflegen. Nur liefern Zeitungen und ähnlich leicht zugängliche Quellen seit einigen Jahren kaum noch Ergebnisse. Der Grund dafür ist die steigende Nachfrage nach geeigneten Immobilien, gerade in Zeiten, in denen andere Anlageformen zunehmend als unsicher gelten. Hier bieten Zuträger einen alternativen und unverstellten Zugang zu neuen Objekten. Denn tatsächlich ist sehr wohl noch ein Angebot an Immobilien vorhanden. Man muss nur andere Quellen erschließen – zuallererst die Tippgeber und Kontaktmittler.

Angebote früh aufspüren

Zahlreiche Informanten eröffnen den Zugriff auf Häuser, Grundstücke und Wohnungen, die noch gar nicht am Markt sind, und auf ihre Eigentümer als potenzielle Marktteilnehmer. Schließlich erzählt ein privater Hausbesitzer meist zuerst seinen Nachbarn, viel leicht auch einem Handwerker, dem Heizungsableser, dem Briefträger oder auch dem Kneipenwirt von der Überlegung, sein Haus zu verkaufen. Möglicherweise erfährt ein Anlageberater, dass der Verkauf einer Immobilie eine Option wäre, oder ein Anwalt erhält entsprechende Informationen im Zusammenhang mit einem Erbschafts- oder Scheidungsfall. Die beiden letzten Berufsgruppen und einige verwandte Dienstleister werden aber meist wegen Verschwiegenheitspflichten, berufsständischer Regeln und der Pflege des seriösen Images nur als Kontaktmittler und nicht als Tippgeber im engeren Sinn auftreten.

In jedem Fall können Zuträger die Verbindung zwischen Makler und Verkäufer herstellen, bevor Letzterer mit der aktiven Suche nach einem Käufer, einem Immobilienhändler oder gar mit dem eigenständigen Anpreisen der Immobilie auf dem allgemein zugänglichen Markt beginnt. Vielleicht verfestigen sich die mehr oder minder privaten Gedankenspiele mit einer Verkaufsidee überhaupt erst dann zum Verkaufsentschluss, wenn der Eigentümer nach Vermittlung eines Bekannten (der zugleich Zuträger ist) mit einem Makler über Vermarktungschancen und mögliche Erträge geredet hat.

Wenn Makler durch ein gut abgestimmtes Netz von Tippgebern und Kontaktmittlern bereits in dieser „nicht öffentlichen" Phase auf den Verkaufswunsch aufmerksam werden oder ihm gar erst selbst zum Durchbruch verhelfen, bringt das eine Reihe von Vorteilen mit sich: Der Makler, der auf gut informierte Zuträger zurückgreifen kann, weiß weit vor den Mitbewerbern von dem Objekt und kann es akquirieren. Eigentümer, die sich gerade erst am Markt umzuschauen beginnen, sind zudem meist angenehme Verhandlungspartner. Sie haben sich nur selten bereits auf überzogene Wertvorstellungen versteift und auch noch nicht mit mehreren Maklern über Provisionen verhandelt.

Der Reiz des Neuen

Darüber hinaus gewinnt der Makler aus dem Zuträgernetz Immobilien, die sich meist schnell vermarkten lassen, weil sie auch denjenigen Kaufinteressenten, die den Markt bereits längere Zeit beobachten, mit hoher Wahrscheinlichkeit noch nicht bekannt sind. Schließlich hat der Besitzer bislang noch keine Anzeigen geschaltet und kein „Zu verkaufen"-Schild ins Fenster gehängt. Wenn der Makler mit dem Noch-Eigentümer über den Verkaufsauftrag einig wird, kann er die betreffende Immobilie exklusiv und erstmals in verschiedene Vermarktungskanäle einspeisen. Kaufinteressenten, die sich schon längere Zeit intensiv umschauen, werden schnell auf das neue Objekt am Markt aufmerksam und interessieren sich dafür. Nicht umsonst ist „neu" eines der stärksten Signalwörter in der Werbepsychologie.

Ein Netzwerk liefert jedoch nicht nur Informationen an den Immobilienfachmann. Umgekehrt kann er sein Zuträgerteam gezielt mit Hinweisen auf bevorzugte Gegenden oder Immobilienformate „füttern" und damit die Zahl der Ergebnisse erhöhen, die der momentanen Nachfrage entsprechen. Auch das steigert die Umsatzgeschwindigkeit, wenn die Kommunikation in beide Richtungen funktioniert. Denn wer Objekte ins Portfolio bekommt, die der aktuellen Nachfrage gerecht werden, kann diese deutlich schneller verkaufen.

Allerdings werden und bleiben die Tippgeber nur dann gut arbeitende Unterstützer, wenn diese Gemeinschaft ständig gepflegt wird. Das bedeutet, insbesondere zu Beginn, intensive Aufbauarbeit und hohen Zeitaufwand.

Netzwerker gewinnen

Doch was genau ist ein Zuträgernetz und wie kommt man an geeignete Informanten? Die Antwort ist einfach: Interessant ist jeder, der in irgendeiner Form mit Immobilien zu tun bekommen kann.

- Der Briefträger oder Paketzusteller, der sich in seinem angestammten Zustellbezirk bestens auskennt und sich mit Tipps etwas dazuverdient, kann eine wertvolle Ressource werden; ebenso der Schornsteinfeger oder ein mobiler Lebensmittelhändler, beispielsweise ein Tiefkühlkostanbieter.

- Hochinteressant sind gute Verbindungen zu Notaren, Architekten, Steuerberatern und Anwälten, die immer wieder an und mit Immobilien arbeiten. Wegen ihrer Verschwiegenheitspflicht treten sie aber in erster Linie als Kontaktmittler auf.

- Umzugsunternehmer, Entrümpler, Dienstleister für Haushaltsauflösungen und Antiquitätenhändler sind in vielen Fällen die ersten, die von einem Bestandsobjekt erfahren, das demnächst auf den Markt kommen könnte.

- Auch Handwerker wie Heizungsbauer, Schreiner, Steinmetze und Gartenbauer verfügen über beträchtliches Hintergrundwissen zum lokalen Immobilienmarkt; ebenso Energieberater und Versicherungsfachleute.

- Rentner sind oft gut unterrichtet, wenn sich mit Häusern oder Grundstücken in ihrer Nachbarschaft etwas tut, und freuen sich über eine zusätzliche Aufgabe.

- Hausverwaltungs- und Hausmeisterdienstleister können für Makler ebenfalls lohnende Partner werden.

- Eine wachsende Gruppe hilfreicher Netzwerkmitglieder sind Bauphysiker und Baubiologen – gerade angesichts der steigenden Sensibilität für gesundes und schadstoffarmes Wohnen.

- Finanz- und Anlageberater, für Makler aus der Bankenbranche oft im eigenen Unternehmen, aber ebenso auf dem freien Finanzmarkt, bekommen bei Geldanlageaufträgen häufig auch mit immobilem Eigentum zu tun.

Interessante Stadtviertel finden

Zudem gibt es eine räumliche Dimension, die beim Auf- und Ausbau des Zuträgerkreises eine Rolle spielt: In welchen Regionen oder Stadtvierteln sind die Chancen groß, dass derzeit Immobilien verkauft werden? Besonders viel Ertrag liefern Stadtteile, in denen ein Generationswechsel ansteht. Baugebiete, die vor vierzig bis fünfzig Jahren besiedelt wurden, sind gute Kandidaten. Kontaktmittler, die sich dort auskennen, arbeiten besonders effizient. Solche Gebiete sind auch interessant für Handzettelwerbung in den Briefkästen – ebenfalls eine leistungsfähige und oft unterschätzte Akquisetechnik. Allerdings können auch aktuelle Neubaugebiete lohnenswerte Regionen sein. Dort ermöglichen leider manchmal auftretende Scheidungsfälle häufig den Zugriff auf neuwertige Immobilien.

Der Lohn der Mühen

Selbstverständlich beruht das Geschäft auf Gegenseitigkeit: Der Paketzusteller oder die Frau vom Kiosk, die beim Plausch mit ihren Kunden Tipps sammelt, freut sich über ein Handgeld. Leistungsfähige Informanten, durch deren Hinweise der Makler bedeutende Erträge erzielt, legen vielleicht sogar Wert auf eine klare Regelung mit einem Honorar, das fest an die Provision des später abgeschlossenen Geschäfts gekoppelt ist. In vielen Fällen beträgt diese Tippgeberprovision rund zehn Prozent der Provision des Maklers. Besonders produktive Zuträger können auch im Rahmen einer geringfügigen Beschäftigung angestellt werden.

Zahlungen an die Zuträger sollten jedoch die Ausnahme bleiben. In den allermeisten Fällen wird es auf ein Geschäft auf Gegenseitigkeit hinauslaufen. Hausverwalter, Baubiologen, Finanzberater und Anwälte kann der Makler im Gegenzug mit Empfehlungen an die Immobilienneubesitzer belohnen und ihnen neue Kunden zuführen. Auch für Handwerker oder Hausmeister im Maklernetzwerk kann die Empfehlung gegenüber einem Immobilienkäufer Gold wert sein. Der Architekt bekommt vielleicht die Gelegenheit, auf dem soeben vermittelten Baugrundstück einen spannenden Hausentwurf umzusetzen.
Wenn der Makler sein Netzwerk knüpft, wird er selbst auch Zuträger für seine Partner.

Er kann sie also belohnen, ohne dass direkt Geld fließt. Zugleich verbessert er seinen Service gegenüber Immobilieninteressenten, weil er für zahlreiche Fragen rund um den Erwerb und die Ausgestaltung des neuen Heims oder des Anlageobjekts gleich Lösungen mitliefern kann. So entsteht über die Zeit ein „Expertennetzwerk", das die Kompetenz des Maklers weiter ausbaut.

Kunden und Kollegen als Unterstützer

Nicht zu vergessen als Informanten ist der eigene Kundenkreis. Immobilieninteressenten haben sich meist schon am Markt umgeschaut, bevor sie die Dienste eines Maklers in Anspruch nehmen. Zwar hat offensichtlich keine Immobilie dem Suchschema entsprochen, aber vielleicht war genau das Objekt darunter, das perfekt zu einem anderen Kunden des Maklers passt. Hier lohnt es sich in mehrfacher Hinsicht, mit Kaufinteressenten ein wenig über ihre bisherigen Erfahrungen ins Gespräch zu kommen (siehe Kapitel 2.2.3). Das persönliche Kennenlernen stellt zugleich die für die weitere Betreuung wichtige menschliche Ebene her. Schließlich steht der Mensch gerade im Immobiliengeschäft im Vordergrund. Unter dem Stichwort „Beziehungsmanagement“ hat diese Haltung inzwischen auch Eingang in Marketinglehrbücher gefunden.

Ein weiteres Mittel zum Ausbau der eigenen Möglichkeiten sind Gemeinschaftsgeschäfte mit anderen Maklern. Insbesondere wenn es um Immobilienbesitz eines Kunden an einem weit entfernten Standort geht oder wenn Immobilieninteressenten aus weiter Entfernung in den eigenen Arbeitsbereich ziehen, kann die Zusammenarbeit mit einem Kollegen an dem anderen Ort hilfreich sein. Entscheidend ist die genaue vertragliche Regelung. Denn Maklergemeinschaftsgeschäfte sind rechtlich nicht näher bestimmt. Also kommt es darauf an, wie die beteiligten Makler per Vertrag die jeweils zu erbringenden Leistungen und die Handhabung der Provision vereinbaren. Eine Hilfe können die „Geschäftsgebräuche für Gemeinschaftsgeschäfte“ sein. Der Immobilienverband Deutschland (IVD) hat diese Richtlinie aufgestellt, die zahlreiche Fragen rund um Gemeinschaftsgeschäfte klärt. Das Dokument regelt verschiedene Aspekte eines Gemeinschaftsgeschäfts:

- Wie lässt sich bei Nichtzustandekommen verhindern, dass ein Beteiligter die erhaltenen Informationen zur Anbahnung eines eigenen Geschäfts nutzt?
- Was geschieht, wenn das Angebot im Verlauf der Verhandlungen verändert werden soll?
- Welche Informationen müssen die beteiligten Makler austauschen?
- Vor allem: Wie wird die Provision aufgeteilt?

Einen Schritt weiter gehen dauerhafte, fest gefügte Maklerkooperationen, wie sie in einigen Nachbarländern bereits seit längerer Zeit üblich sind (siehe Kapitel 3.2).

Das Netzwerk schlagkräftig halten

Ein Zuträgernetzwerk entwickelt sich immer weiter. Es muss ständig gepflegt, aktualisiert und am Leben erhalten werden. Denn sowohl der Handwerker als auch der Anwalt und der Antiquitätenhändler haben im Alltag natürlich in erster Linie ihr eigenes Geschäft im Kopf. Für den netzwerkenden Makler gilt es, so charmant wie möglich und so konsequent wie nötig im Gedächtnis zu bleiben. Ein gelegentliches Treffen zum Kaffee oder Bier mit ein wenig Small Talk dient einerseits dazu, Informationen abzuschöpfen, die der Informant zwar registriert, in diesem Moment aber nicht mit dem Makler in Verbindung gebracht hat. Auf der anderen Seite hält ein solches Gespräch den Tippgeber auf dem aktuellen Stand des Interesses aus Sicht des Maklers. Er erfährt beispielsweise, ob derzeit eher Baugrundstücke, Eigentumswohnungen oder Einfamilienhäuser gefragt sind oder in welches Viertel einer Stadt die Kaufinteressenten drängen.

Ein Kontakt alle vier Wochen hat sich als guter Mittelwert erwiesen. Entweder kommt dieses Gespräch von selbst zustande, weil der Netzwerker einen Tipp gibt, oder der Makler nimmt zumindest telefonischen Kontakt auf. Dabei sollte der Eindruck vermieden werden, dass man allzu begierig nur das Geschäft im Sinn hat. Beim persönlichen Small Talk entsteht eine viel angenehmere Atmosphäre, und wenn es neue geschäftliche Themen gibt, kommen diese schon von selbst zur Sprache. Neue Medien und soziale Netzwerke bieten die Möglichkeit, zwischendurch in Verbindung zu bleiben (siehe Kapitel 3.7). Allerdings sollten sie den persönlichen Kontakt keinesfalls ersetzen. Man darf nie vergessen: Das Immobiliengeschäft ist in jedweder Hinsicht ein Geschäft zwischen Menschen.

Informanten sind auch Werbeträger

Idealerweise entsteht nach einer sicher zeitintensiven Aufbauarbeit ein dichtes Netz aus Informationsbeschaffern, die ständig ihren „Erkundungsauftrag" für den Makler zumindest im Hinterkopf haben. Wenn dieses System erst einmal funktioniert, dann kommen die Informationen und weitere Informanten oft ganz von allein. Es ist wie bei einem Riesenrad: Es braucht Zeit, bis es in Bewegung kommt, aber wenn es sich endlich dreht, ist es kaum noch zu stoppen.

Doch die Tippgeber und Kontaktmittler können noch mehr als das. Je mehr Menschen dazugehören, desto stärker bleibt der Makler in der Region im Gespräch. In einem breit angelegten Netzwerk dienen die Kontaktpersonen zugleich über persönliche Empfehlungen als Werbeträger mit hoher Glaubwürdigkeit. Wer als Immobilienkäufer oder -anbieter entsprechende Dienstleistungen benötigt, bekommt von Maklernetzwerkern aus seinem Bekanntenkreis Tipps und gleich die nötigen Kontaktdaten des Immobilienfachmanns – ohne Streuverluste und mit höherer Verlässlichkeit, als Zeitungsanzeigen, ein Internetauftritt und sonstige Werbeaktionen bieten können.
Ein zwar untergeordneter, aber nicht zu vernachlässigender Effekt ist der Immobilienverkauf über das Netzwerk. Insbesondere Informanten, die selbst häufig mit Geldanlage oder Anlageberatung zu tun haben, können auch den einen oder anderen Interessenten nennen, wenn der Makler ein Haus, eine Wohnung oder ein Grundstück verkaufen will.

Menschlich bleiben

Voraussetzung für eine funktionierende Marktdurchdringung ist die persönliche Glaubwürdigkeit des Maklers. Das Netzwerksystem erzeugt nur dann interessante Informationen und ermöglicht nur dann eine Marktdurchdringung per Empfehlung, wenn die Tippgeber sich vom Makler gut behandelt fühlen. Menschliche Wertschätzung, verbindliche Kontaktpflege und Ehrlichkeit bei den eigenen Interessen sind die Knotenpunkte, die das Netzwerk zusammenhalten.

Dies beginnt schon beim Gewinnen der Zuträger. Sowohl bei der Frage nach dem Interesse an der Zusammenarbeit als auch bei der Schilderung der Marktlage ist Offenheit gefragt. Schließlich müssen die Informanten wissen, welche Tipps und Kontakte der Makler benötigt. Am besten also ganz ehrlich bleiben und im Rahmen eines entspannten Gesprächs einfach fragen: „Wir haben einen Überhang an kaufwilligen Interessenten, aber einen Mangel an Objekten." Bei gegenläufiger Marktlage genau umgekehrt: „Wir haben ein großes Angebot und wenig Interessenten. Sie bekommen doch eine Menge mit. Können Sie sich eine Zusammenarbeit vorstellen?" Nur wenige Gesprächspartner werden rundheraus mit einem Nein antworten.
Auch im weiteren Gespräch ist Ehrlichkeit gefragt: Wie könnte diese Zusammenarbeit aussehen? Was erwartet der Partner als Gegenleistung? Mindestens ebenso wichtig wie diese Sachfragen ist die Stimmung – die „Chemie" – zwischen den Beteiligten. Als Makler muss man sich damit abfinden, dass die zurechtgelegte Strategie nicht bei allen Menschen funktioniert. Wer aber mit Ehrlichkeit und Offenheit freundlich auf sein Gegenüber zugeht, wird nur selten eine Absage bekommen.

Akquiseklassiker

Natürlich bleibt darüber hinaus auch der „klassische Weg" der Immobiliensuche: Privatanzeigen in den Zeitungen und auf einschlägigen Internetplattformen studieren und einen telefonischen Kontakt zum Anbieter herstellen. Doch was sich auf diesem Weg findet, sind selten Topimmobilien. Verkaufsobjekte aus öffentlich zugänglichen Anzeigen sind meist schon länger am Markt. Oft verbirgt sich in ihnen irgendein Problem, denn sonst wären sie längst verkauft. Kommt dagegen tatsächlich einmal ein Objekt neu in die Anzeigenspalten, dann werden oft Dutzende Maklerkollegen gleichzeitig aufmerksam und aktiv. Eine weitere Alternative bietet die oft unterschätzte Immobilienakquise per Handzettel in einer fest umrissenen Region.

Die meisten dieser Bemühungen münden in die telefonische Akquise. Diese ist zwar mühsam und wenig beliebt, aber letztlich in vielen Fällen unausweichlich. Insbesondere seit der jüngsten Verschärfung des Gesetzes gegen den unlauteren Wettbewerb (UWG), das „unerlaubte Telefonwerbung" schärfer verfolgt, erfahren Makler am Telefon erheblichen Widerstand – und das, obwohl die Verschärfung auf andere auslösende Branchen und ihre Telefongepflogenheiten zurückzuführen ist. „Eine unzumutbare Belästigung ist stets anzunehmen ... bei Werbung mit einem Telefonanruf gegenüber einem Verbraucher ohne dessen vorherige ausdrückliche schriftliche Einwilligung oder gegenüber einem sonstigen Marktteilnehmer ohne dessen zumindest mutmaßliche Einwilligung", heißt es im Gesetz. In der Maklerpraxis ist Objektakquise per Telefonanruf dann erlaubt, wenn der Makler einen gezielten Suchauftrag diverser Kunden hat. Er darf jedoch nicht allgemein sein Immobilienportfolio zu füllen versuchen, indem er auf Anzeigen oder Tipps mit einem Anruf reagiert. Untersagt ist auch, sich selbst und seine Leistungen unaufgefordert anzupreisen. Wenn in einer Immobilienanzeige „kein Makler" vermerkt ist, darf der Makler auf keinen Fall anrufen, auch dann nicht, wenn Aufträge von Kunden vorliegen, die zur Anzeige passen würden.

Privatverkauf: Thema auch für Makler

Ein neuerer und hochinteressanter Trend sind Informationsveranstaltungen zum Thema „Privatverkauf". Die Zielgruppe besteht aus Immobilienprivatverkäufern in einer bestimmten Region oder solchen, die es werden könnten. Diese Menschen sind oft dankbar für einen Abend, an dem sie darüber informiert werden, was sie beim Verkauf in eigener Regie beachten müssen. Für solche Termine macht man am besten per Handzettel, Anzeigen und Aushang Werbung. Auch ist es sinnvoll Kunden aus der eigenen Kundendatenbank anzuschreiben, und im Idealfall holt man über die Zuträgergemeinschaft Kompetenz in Gestalt von Anwälten und Notaren hinzu. Zwar lautet das Thema „Privatverkauf", aber viele der Teilnehmer werden sich bei einem konkreten Verkaufswunsch schließlich doch an den Fachmann wenden – an den Makler eben. Dies sollte dennoch nicht die Motivation für eine solche Veranstaltung sein, und der Informationsabend sollte keinesfalls nur dem Ziel dienen, Aufträge zu generieren. Es geht vielmehr um sachliche Aufklärung. Dass Makler von Aufträgen leben, ist klar. Das schließt aber eine ehrliche und neutrale Information auch zum Privatverkauf nicht aus.

Das Informantennetzwerk vervielfacht die Schlagkraft jedes Maklers.

Geeignete Tippgeber sind alle, die in Kontakt mit Immobilien kommen – vom Handwerker bis zum Anwalt.

Hauptnutzen des Informanten-/Expertennetzwerks ist der Zugang zu neuen, noch nicht am Markt vorhandenen Immobilien. Darüber hinaus erzeugt es Impulse für den Immobilienabsatz sowie Werbe- und Imageeffekte.

Aufbau und Erhalt des Zuträgernetzes gelingen nur durch einen offenen, persönlichen und ehrlichen Umgang mit den Tippgebern.

1.2 Kunden gewinnen, Kontakte zu Kunden pflegen

Der Kundenstamm und damit die Kundendatei bilden das wichtigste Kapital eines Maklers, denn die Kosten zur Gewinnung eines Neukunden sind erheblich. In die Kundendatei gehören in erster Linie natürlich aktuell suchende Immobilieninteressenten, aber auch Kaufinteressenten, denen zu einem bestimmten Zeitpunkt nicht die geeignete Immobilie angeboten werden konnte. Sie bleiben wichtige Aktivposten, für die vielleicht morgen oder übermorgen das passende Objekt auftaucht. Darüber hinaus dürfen diejenigen nicht in Vergessenheit geraten, die mithilfe des Maklers bereits ein Heim gefunden haben. Als weitere Zielgruppe sind vormalige Verkaufskunden von Bedeutung, also diejenigen Besitzer, die ihre Immobilie mithilfe des Immobilienspezialisten erfolgreich vermarktet haben.

Oberstes Gebot: Aktualität

Viele Makler lassen die Kundendatei im Aktenschrank oder auf der Computerfestplatte verstauben. Dadurch bleibt eine wichtige Ressource ungenutzt. In regelmäßigen Abständen sollten vor allem die derzeit suchenden Kunden etwas von ihrem Makler hören, auch wenn gerade kein passendes Objekt zur Wahl steht. Am besten erfolgt dieser Kontakt telefonisch, eventuell auch mit einer persönlichen E-Mail, keinesfalls jedoch lediglich durch kommentarlos zugemailte Exposés. „Ist Ihr Anforderungsprofil noch aktuell? Haben Sie etwas gefunden? Haben sich Ihre Bedürfnisse geändert?" So können typische Fragen an Kunden lauten, mit denen man beim ersten Anlauf nicht zum Geschäftsabschluss gekommen ist. Denn letztlich können Makler nicht für jeden immer gleich die ideale Immobilie finden; wertvoll bleibt der Kontakt dennoch.

Diese Ansprache hilft in erster Linie dabei, den Makler auf dem aktuellen Stand des Kundeninteresses zu halten, sodass er die Kriterien seiner Suche nach geeigneten Immobilien anpassen kann. Das erhöht die Schlagkraft und die Umsatzgeschwindigkeit beim Verkauf. Diese Kontaktpflege sollte ihren Niederschlag in einer ebenfalls ständig aktualisierten Kundendatei finden. Zwar hilft es im täglichen Geschäft schon, einige Kandidaten für ein neues Objekt im Hinterkopf zu haben, aber die Kommunikationsarbeit mit Kunden bringt nur dann den vollen Erfolg, wenn die Erkenntnisse anschließend auch zu Papier gebracht oder elektronisch erfasst werden.
Kundenpflege entfaltet darüber hinaus einen positiven Imageeffekt: Sie vermittelt die Gewissheit, dass sich jemand exklusiv um Bedürfnisse des Immobilieninteressenten kümmert und er mehr ist als nur ein gesichtsloser Eintrag in irgendeine Liste.

Auch nach dem Abschluss dranbleiben

Auch Kunden, denen der Immobilienfachmann beim Finden ihres Zuhauses erfolgreich geholfen hat, werden keinesfalls aus der Kundendatei gestrichen. Einmal im Jahr sollten sie ruhig eine E-Mail oder eine andere regelmäßige Publikation von ihrem Makler

erhalten. Vielleicht sucht inzwischen jemand in ihrem Bekanntenkreis eine Immobilie, die Kinder wollen in eine eigene Wohnung ziehen, oder eine Kapitalanlage wird zum aktuellen Thema. Hier bieten sich Mehrfachgeschäfte an.
Vielleicht haben die einstmaligen Kunden auch von Immobilienverkaufsplänen in der Nachbarschaft oder im Bekanntenkreis erfahren, die für den Makler interessant sein könnten. Ehemalige Kunden können auf diese Weise zu Kontaktmittlern und Informanten werden (siehe Kapitel 1.1). Diese Anlässe für eine erneute Zusammenarbeit lassen sich, natürlich freundlich formuliert, in das jährliche Kontaktschreiben einbinden.

Die Kundenpflege birgt auch bei Verkaufskunden ungeahntes Potenzial bei geringem finanziellen Aufwand, nicht zuletzt wegen der möglichen Kopplung mit Anlagegeschäften. Nach einem erfolgreichen Immobilienverkauf ist es naheliegend, dass das erworbene flüssige Kapital gewinnbringend eingesetzt werden soll. Möglicherweise wird auch der eine oder andere Immobilienkäufer in einigen Jahren wieder genügend Vermögen angesammelt haben, um sich Gedanken über Anlagestrategien zu machen.
Hier kann zunächst der Makler selbst einen guten Ansatzpunkt finden: Vielleicht möchte der Kunde nach dem Verkauf des ererbten Einfamilienhauses ja ein Studentenappartement in einer dynamischen Hochschulstadt erwerben. Soll es aber doch ein Finanzprodukt sein, dann kann der gut vernetzte Makler immerhin noch an einen Anlageberater oder in Allfinanzunternehmen an einen Kollegen verweisen, der sich in Zukunft vielleicht mit einem Immobilientipp revanchiert.

Bindung per Zeitschrift und Newsletter

Für die dauerhafte Pflege und Bindung von Altkunden sind regelmäßig erscheinende Medien das Mittel der Wahl. Eine fortgesetzte persönliche Ansprache würde bei fehlendem aktuellen Kauf- oder Verkaufswunsch des Kunden einen sehr großen Aufwand für den Makler bedeuten. Ein regelmäßiges Medium verursacht dagegen weniger Arbeit und bringt den Makler, wenn es gut gemacht ist, sofort ins Bewusstsein, falls wieder einmal ein Immobiliengeschäft abzuwickeln ist.
Klassiker auf diesem Feld sind die Kundenzeitschriften großer Maklergesellschaften oder der Bausparkassen. Sie bieten eine gute Mischung aus Tipps für Hausbesitzer, Einblicken in den regionalen Immobilienmarkt, Anlagestrategien und Neuigkeiten aus dem jeweiligen Unternehmen. Selbstverständlich kann ein kleines oder auch mittelgroßes Maklerbüro nur schwerlich ein eigenes viertel- oder halbjährlich erscheinendes Magazin im Hochglanzdruck herausgeben. Aber einen regelmäßigen E-Mail-Newsletter, der sich als pdf-Dokument auch ansprechend gestalten lässt, können ein Team und die Assistenz entwerfen. Dabei müssen Aufwand und Wirkung in einem angemessenen Verhältnis zueinander stehen. Wenn der Einzelmakler viermal im Jahr zwei Wochen lang nur noch mit dem Erstellen des Newsletters beschäftigt ist und seine eigentliche Arbeit vernachlässigt, ist das sicher nicht effizient. Ein eigenes Medium ist eher etwas für ein Team, und wenn es nur ein kleines ist.

Auch über die eigene Homepage und über soziale Netzwerke im Internet lässt sich Kundenpflege auf ähnliche Art betreiben (siehe Kapitel 3.7). Allerdings ist die komplette Abwicklung der Kommunikation per Facebook & Co. nicht ratsam. Dafür gibt es einfach zu viele Menschen, die den sozialen Netzwerken misstrauen. Sie erreicht man besser per Newsletter, auch weil eine Mail eher Aufmerksamkeit erregt als eine Social-Media-Meldung, die in der Fülle von Neuigkeiten auf der Plattform schnell untergeht. Sinnvoller ist es, die wichtigen Inhalte auf der eigenen Webseite zu platzieren und über die sozialen Netzwerke lediglich per Link und Zusammenfassung darauf aufmerksam zu machen. Dort lassen sich auch Neuigkeiten und Ratgeberthemen publizieren, ohne dabei den Aufwand einer eigenen Zeitschrift treiben zu müssen.

Beim Inhalt des Newsletters oder der Webseite darf man sich durchaus von den Zeitschriften der Branchenführer inspirieren lassen. Plumpes Abschreiben ist natürlich verboten. Einige typische Inhalte:

- Rechtstipps, neue Urteile, vor allem zu Nachbarschafts- und Mietrecht
- Immobilienfinanzierung
- Anlagestrategien
- Politische Diskussionen rund um Immobilienwirtschaft, Baurecht und Energiesparen
- Neue Gesetze und Verordnungen
- Ein Prominenter und seine Immobilie
- Restaurierungs- oder Umbaugeschichte
- Tipps zu Haustechnik, Innenausstattung, Energiesparen, erneuerbare Energie
- Regionale Immobilienangebote

Vor allem müssen die Bedürfnisse der eigenen Kunden im Blick bleiben: Handelt es sich eher um Eigenheimbesitzer, oder ist viel Mieteigentum vorhanden? Wie ist die Verteilung zwischen Einfamilienhäusern und Eigentumswohnungen? Spielen Gewerbeobjekte eine Rolle? Die Themen der Zeitschrift, des Newsletters oder der Webseite müssen zum Kundenkreis passen. Dazu ein persönliches Vorwort des Maklers, einige schöne Fotos und ein dezenter Hinweis darauf, dass Tipps zur Akquise willkommen sind: Fertig ist das persönliche Maklermedium!

Alle Quellen nutzen

Darüber hinaus gibt es noch eine weitere, viel zu oft übersehene Kategorie von Kunden: diejenigen, die nichts gefunden und die Suche aufgegeben beziehungsweise bei einem anderen Makler oder bei Privatverkäufern gekauft haben. Immobilienfachleute sollten auch solche Kunden keinesfalls sofort aufgeben. Das Mindeste sollte ein Gespräch sein, bei dem der Makler herausfindet, wo und was gekauft wurde oder warum kein Interesse mehr am Immobilienkauf besteht. Diese Informationen dienen der kritischen Kontrolle, ob man mit der eigenen Einschätzung des Kunden (siehe Kapitel 2.2.3) und möglicherweise bereits besichtigter Immobilien richtig gelegen hat. Sie vervollständigen außer-

dem die eigene Markteinschätzung und den Wissensstand darüber, welche Immobilien in welcher Lage derzeit gefragt sind.
Im Idealfall berichtet der Kunde, welche Objekte er im Rahmen seiner eigenen Bemühungen besichtigt hat, und eröffnet damit Ansatzpunkte für die Akquise von Immobilien, die bislang vielleicht nur privat angeboten werden. Die meisten Gesprächspartner werden Fragen des Maklers, wenn sie in einer entspannten Atmosphäre gestellt werden, keinesfalls als aufdringlich empfinden, sondern vielmehr als willkommener Anlass, etwas über sich zu erzählen. Am besten ist man ganz ehrlich und sagt beispielsweise: „Es freut mich, dass Sie das passende Zuhause gefunden haben. Schade, dass in unserem Angebot nichts für Sie dabei war. Aber wir haben noch viele andere Kunden. Können Sie mir nicht für diese einen Tipp geben, wo Sie etwas Interessantes gesehen haben?"
Außerdem haben diese Kunden ja auch vorher irgendwo gewohnt. Was passiert mit diesem Objekt? Diese Frage kann ein weiterer wertvoller Akquiseansatz sein.

Aufbau der Kundendatei

Alle Kunden, egal welcher Kategorie, sollten in einer Datei erfasst werden. Sinnvollerweise enthält der Eintrag in eine Kundendatei folgende Informationen:

- Grunddaten – Name der Interessenten, Kontaktdaten
- Kategorie des Kunden, beispielsweise: aktuell suchend, Immobilie gefunden, Informant oder Verkaufskunde
- Anforderungen an eine gesuchte Immobilie – Immobilientyp, Eigennutzung oder Investment, Größe/Zimmeranzahl, Lagewunsch, Anzahl der Bewohner, Renovierungszustand, Ausschlusskriterien
- Finanzrahmen
- Mögliche Zugeständnisse im Vergleich zur Wunschimmobilie
- Daten über bereits erfolgte Betreuung, beispielsweise vorgelegte Objektvorschläge, Besichtigungen, Gespräche und abgeschlossene Geschäfte
- Persönliche Informationen – Themen aus Gesprächen zum Schaffen einer persönlichen Ebene (Urlaubsziel, Wohlergehen der Kinder ...)

In den meisten Maklerbüros liegt der Fokus auf dem Anlegen der Datei und dem Eintrag von Neukunden. Doch das ist nur der kleinste Teil der Arbeit. Viel wichtiger ist es, die einmal vorhandenen Datensätze und den Kontakt zu den Menschen, die hinter ihnen stehen, ständig zu pflegen. Als „Customer Relationship Management" (CRM) wird dieser Teilbereich seit einigen Jahren auch in der Betriebswirtschaftslehre zunehmend in den Mittelpunkt gerückt. Als Faustregel gilt, dass es rund fünfmal teurer ist, einen Neukunden zu gewinnen, als einen bereits in der Datei aufgenommenen Kunden so zu betreuen, dass weiterhin gute Geschäfte mit ihm möglich sind. Technisch lässt sich eine Kundendatei auch mit einem Tabellenverarbeitungsprogramm erstellen, in den meisten Fällen wird jedoch eine allgemeine Datenbanksoftware oder ein spezialisiertes Kundendateiprogramm eingesetzt. Im Einzelfall hängt dies von der Größe des Kundenstamms und vom Umfang der Leistungen ab, die von der Kundendatei gefordert werden.

Im Maklerbüro geht es natürlich in erster Linie um diejenigen Kunden, die aktuell auf der Suche nach einer Immobilie sind. Hier müssen die Suchkriterien ständig aktuell gehalten werden. Auch die Altkunden, die einmal jährlich auf eventuelle neue Immobilienwünsche angesprochen werden, sollten klar in dieser Kategorie gekennzeichnet sein.

Passende Kundendatei

Je nach Geschäftsmodell des Büros können die Anforderungen an die Kundendatei noch erheblich vielfältiger sein: Wer häufig mit Gewerbeimmobilien oder vermieteten Eigentumswohnungen zu tun hat, legt möglicherweise Wert darauf, die Umsätze mit den einzelnen Geschäftspartnern über lange Zeiträume detailliert auszuwerten. Bei einer großen Zahl von Privatkunden mit jeweils nur einer geringen Zahl von Geschäftsabschlüssen mag die Statistik weniger bedeutsam sein. Wer als selbstständiger Makler weitgehend allein arbeitet, benötigt hinsichtlich der Bedienbarkeit der Kundendatei sicher etwas anderes als das mehrköpfige Team eines größeren Maklerbüros. In jedem Fall ist die Arbeit an und mit der Kundendatei eines der wichtigen Aufgabenfelder, um die sich eine gute Assistenzkraft im Maklerbüro verdient machen kann.

Eine feste Regel für die sinnvolle Größe einer Kundendatei gibt es nicht. Wenn man es allerdings nicht mehr schafft, innerhalb einer selbst gesetzten, für die Vermarktung sinnvollen Frist alle aktiven Ansprechpartner persönlich zu kontaktieren, ist das ein Zeichen dafür, dass entweder die Arbeit besser organisiert oder die Datei verkleinert werden muss. Falls dieses Problem besteht, sollten diejenigen zuerst aus dem Datensatz verschwinden oder zumindest in die Kategorie „inaktiv“ eingeordnet werden, an deren ernsthaftem Kaufinteresse Zweifel bestehen und die als Immobilientouristen nur Zeit kosten.

Kundenpflege erhöht die Umsatzgeschwindigkeit.

Kundenpflege spricht neben den aktuell suchenden Immobilieninteressenten auch bereits bediente Kauf- und Verkaufskunden an, ebenso Geschäftspartner, mit denen kein Abschluss zustande kam.

Für die Altkundenbindung sind regelmäßige Medien wie Zeitschrift, Newsletter oder die Internetseite hervorragende Mittel.

Die Kundendatei muss alle relevanten Informationen enthalten und vor allem ständig aktuell sein.

Eine aktuelle Kundendatei hilft nicht nur bei der Vermarktung, sondern gibt auch wertvolle Hinweise für die Akquise.

1.3 Rechte und Pflichten von Maklern

Makler vermitteln bekanntlich Geschäfte mit Immobilien. Man könnte den Standpunkt einnehmen, dass es sich um Waren wie alle anderen handelt; vielleicht besonders hochpreisig und durch den festen Standort etwas ungewöhnlich. Doch das greift zu kurz. Immobilien sind mehr als einfach nur teure Handelsgüter: Bei einem Eigenheim handelt es sich um den Lebensraum und die Existenzgrundlage einer Familie. Ein Gewerbegebäude kann die Zukunft eines ganzen Unternehmens und seiner Mitarbeiter prägen. Ein Anlageobjekt kann ein entscheidender Eckpfeiler für die Vermögenssicherheit oder die Altersvorsorge über mehrere Generationen hinweg sein.
Weil das Immobiliengewerbe mit einer dermaßen großen Verantwortung verbunden ist, hat der Gesetzgeber zahlreiche Vorgaben für die Rechte und Pflichten von Maklern gemacht. Deren Kenntnis ist für den Geschäftserfolg des Maklers selbst unumgänglich, aber auch für Kunden auf der Verkäufer- und der Käuferseite wichtig. Denn nur wenn Kunden wissen, dass ihr Makler sich an seine gesetzlichen Verpflichtungen hält, können sie sich bei ihm in guten Händen fühlen.
Für viele Laien ist überraschend: Grundsätzlich hat ein Makler weder die Verpflichtung, zu überprüfen, ob es in der von ihm zu vermittelnden Immobilien versteckte Mängel gibt, noch, ob ein Käufer seinen Zahlungsverpflichtungen nachkommen kann (Bonitätsprüfung). Allerdings versprechen viele Verträge solche Dienstleistungen. In diesem Fall ist der Immobilienexperte sehr wohl verpflichtet, diese Leistungen gewissenhaft zu erbringen und somit seiner Sorgfaltspflicht nachzukommen.

Maklervorteil: Die Bonitätsprüfung

Besonders häufig scheitern Immobilienbesitzer an der Bonitätsprüfung der potenziellen Käufer, glauben sie doch, eine standardisierte Finanzierungsbestätigung reiche aus. Makler werben oft mit dieser Dienstleistung – zu Recht. Denn die genaue Prüfung der finanziellen Leistungsfähigkeit ist das Hauptargument schlechthin, einen Makler zu beauftragen, statt sich als Privatverkäufer zu versuchen. Wer allein als Makler operiert, sollte deutlich darauf hinweisen, dass er diejenigen Käufer, die er dem Eigentümer letztlich für den Abschluss eines Kaufvertrags präsentiert, aufgrund mehrerer Gespräche und rechtlich verbindlicher Dokumente als finanziell leistungsfähig beurteilt. Makler aus dem Haus eines Allfinanzunternehmens argumentieren in dieser Hinsicht mit der verlässlichen Zuarbeit eines großen Verbunds.

Hat der Makler gegenüber dem Verkäufer bei Auftragsübernahme die Bonitätsprüfung zugesagt, dann unterliegt er der Sorgfaltspflicht, diese im Rahmen des Vertragsversprechens auch tatsächlich vorzunehmen. Unterlässt er dies trotz Zusage und der Kaufvertrag muss beispielsweise rückabgewickelt werden, entsteht dem Verkäufer ein erheblicher Vermögensschaden, für den der Makler im Rahmen seiner Pflichtversicherung (Vermögensschaden-Haftpflichtversicherung) zu belangen ist. Auf Verlangen muss der Makler diese Versicherung dem Verkäufer nachweisen. Ein solcher Nachweis ist aus Kundensicht

das erste sichere Qualitätskriterium für die Auswahl eines verlässlichen Maklers.
Das Gleiche gilt bezüglich des Käufers: Wenn der Makler falsche Angaben zum Objekt macht oder Kenntnis von Mängeln oder auch versteckten Mängeln hat und seiner Informationspflicht nicht nachkommt, handelt er fahrlässig oder grob fahrlässig. Auch eine negative Äußerung gegenüber Käufern kann eine grobe Pflichtverletzung sein, wenn dadurch ein Abschluss scheitert. Selbstverständlich ist in solchen Fällen jeder Provisionsanspruch verwirkt. Im Rahmen des Verbraucherschutzes hat der Gesetzgeber dies in der sogenannten Makler- und Bauträgerverordnung (MaBV) geregelt.

Dienstleister für Behördenkontakt

Ein Maklerexperte, der seinen Beruf als Berufung versteht, wird schon wegen seines eigenen Qualitätsanspruchs dafür sorgen, dass Verkäufer und Käufer geschützt sind. Er wird es als seine Aufgabe verstehen, die Beteiligten vor allen Unwägbarkeiten aus reiner Unwissenheit – noch nicht einmal Vorsatz unterstellt – zu bewahren. Letztlich ist er der Experte und kennt die typischen Probleme, die zu erheblichen Schäden, nicht nur monetärer Art, führen können. So ist er nicht selten der Coach und Berater auf Verkäuferseite, wenn es darum geht, nicht mehr vorhandene Unterlagen (wie Pläne, Teilungserklärungen, Berechnungen und Protokolle) zu beschaffen – weiß er doch, an welcher Stelle sie zu finden sind, und sei es in der Grundakte beim Grundbuchamt.
Immobilienrechtliche Expertise ist oft auch gefragt, um eine Immobilie überhaupt erst verkaufsreif zu machen. Das kann die Hilfe beim Neutralisieren blockierender Eintragungen im Grundbuch oder das Anfordern dafür notwendiger Unterlagen bei den entscheidenden Stellen sein. Gefragt ist der Makler auch in Verhandlungen mit Gläubigerbanken vor dem Vertriebsstart, wenn der am Markt erzielbare Preis die Verbindlichkeiten nicht decken kann.

Neues Thema: Gesundes Wohnen

In den letzten Jahren, in der verstärkt die Immobilien aus den 70er-, 80er- und 90er-Jahren auf den Markt drängen, kommt der Umgang mit sogenannten Raumluftmessungsscreenings hinzu. Schließlich hatte der Umweltschutzgedanke erst vor gut dreißig Jahren seinen großen Durchbruch. Für Häuser aus dieser Zeit, bei denen es häufig den begründeten Verdacht auf Schadstoffbelastung unterschiedlicher Arten und Ausmaße gibt, ist der Experte aufgefordert, gegebenenfalls zum Schutz für beide Parteien aussagekräftige Gutachten zu empfehlen. Auch das gehört zur Sorgfaltspflicht des Maklers, egal ob am Ende die ermittelten Belastungswerte unbedenklich sind oder sie eine Sanierung angebracht erscheinen lassen. In jedem Fall hat der Makler zur Sicherheit und zur Klarheit für Verkäufer und Käufer beigetragen. Ob diese sich der Gesundheitsdimension des Immobilienkaufs bewusst sind, ist fraglich. Ein solches Bewusstsein ist nicht vorauszusetzen. Auch dazu haben sie mit dem Makler einen Experten an der Seite, von dem dies mit Sicherheit zu erwarten ist.
Ebenso ist es zwingend, dass Makler vorbereitete Kaufvertragsentwürfe prüfen und eben nicht ungelesen an die oft unbedarften Vertragsparteien übersenden. Die lapidare An-

gabe: „Wenn Sie Fragen haben, rufen Sie mich einfach an." ist kein Qualitätskriterium, sondern ein Warnsignal für Käufer und Verkäufer. Eine genaue Überprüfung des Vertragsentwurfs ist schon deshalb angeraten, weil Bürovorsteher und Notariatsangestellte auch nur Menschen sind, denen ein Versehen passieren kann. Beispielsweise wird bei Barzahlern leicht eine Auflassungsvormerkung zum Schutz des Käufers vergessen. Oft sind Sondervereinbarungen so formuliert, dass sie der eigentlichen Absicht der Vertragsbeteiligten nicht oder nicht im vollen Umfang entsprechen.

Problemlöser in allen Fällen

Das alles liegt nach Wortlaut des Gesetzes nicht in der Prüfpflicht des Maklers. Doch genau an dieser Sorgfalt zeigt sich die Qualität des Immobiliendienstleisters. Dienstleistungen über das absolute Mindestprogramm hinaus werden immer mehr zur Bedingung für Erfolg in der Branche (siehe Kapitel 3.2). Denn wozu bedürfte es eines Experten, wenn er nicht von sich aus vor allem die Dinge überprüfte, die besonders fehleranfällig oder für Laien besonders schwer überschaubar sind?
Auch nach Abschluss des Kaufvertrags sollte der Immobilienexperte den Parteien bei Bedarf weiter zur Verfügung stehen. Denn gerade in dieser Phase kommt es hin und wieder zu Unstimmigkeiten, bei denen der ehrliche und fachkundige Vermittler erneut gefragt ist. Sei es, dass der Verkäufer aus Unkenntnis Bäume und Sträucher ausgräbt, was nicht ausgehandelt und besprochen war, Armaturen tauscht, weil er sie für nicht im Preis eingeschlossen hält, oder weil plötzlich die Gastherme demontiert ist. Selbst über Art und Zeitpunkt der Räumung können sich Unstimmigkeiten ergeben, auch dann, wenn es hierzu vertragliche Vereinbarungen gibt, die aber mithilfe des Maklers als neutralem Vermittler leicht auszuräumen sind.

Auch wenn laut Gesetz die Courtage oder das Honorar bereits mit Abschluss des Kaufvertrags verdient ist: Ein guter Makler schließt ein Projekt erst dann ab, wenn es auch aus Sicht der beteiligten Parteien erfolgreich beendet ist. Makler sind nicht selten auch ein bisschen Mediatoren, Psychologen und Schlichter. Vor allem sind sie sowohl in einfachen als auch schwierigen Fällen als Problemlöser gefragt.

Neutrale Vermittlung zwischen Käufer und Verkäufer ist das oberste Maklergebot!

Bau- und vertragsrechtliche Kenntnisse und bei Bedarf Hinweise zu diesen Themenfeldern gehören zu den wichtigsten Leistungen.

Wohngesundheit erlangt als neues Qualitätskriterium immer größere Bedeutung. Makler müssen das Thema fachlich im Griff haben.

Die Maklerarbeit endet zwar gesetzlich mit dem Vertragsabschluss, moralisch allerdings erst, wenn alle Beteiligten zufrieden sind.

1.4 Voraussetzungen für professionelle Makler

Der Maklerberuf ist viel zu verantwortungsvoll und in den zurückliegenden Jahren noch erheblich verantwortungsvoller geworden, als dass man wie in der Vergangenheit unbedarft an ihn herangehen könnte. Dies verlangt nicht zuletzt der Endverbraucher, der erheblich höhere Ansprüche hat, egal ob als Immobilienverkäufer oder als Kaufinteressent. Der gestiegene Anspruch ist eine Folge der größeren Markttransparenz, nicht zuletzt hervorgerufen durch das Internet mit seinen umfassenden Immobilienportalen. Schließlich glauben Kunden, sich heute selbst einen recht guten Preisüberblick verschaffen und zahlreiche Immobilienangebote vorab auswählen zu können. Wer als Makler erfolgreich agieren will, muss mit seinem Service einen Mehrwert gegenüber dem Informationsfluss bieten, auf den Käufer und Verkäufer mit ihren eigenen Möglichkeiten zugreifen können. Wissen, eine gute Ausbildung und eine kontinuierliche Weiterbildung heben einen guten Makler aus der Masse heraus und gewähren einen echten Mehrwert gegenüber der eigenen Immobiliensuche als Kaufinteressent oder den Privatverkaufsbemühungen von Besitzern.

Nicht nur verkaufen lernen

Was die Ausbildung betrifft, liegt der Schwerpunkt heute eindeutig auf Strategien für Ein- und Verkauf sowie für Verhandlungen allgemein. Doch das greift etwas zu kurz. Natürlich sollte ein Makler wissen, wie er mit Menschen in bestimmten Situationen ergebnisorientiert umgeht und wie er auf Einwände reagiert. Doch das alles nutzt wenig, wenn die fachliche Basis fehlt. Wer beispielsweise die Marktwertermittlung nicht beherrscht, wenig Ahnung von Finanzierungsmodellen hat, nicht berechnen kann, was bei einer monatlichen Gesamtleistung als maximaler Kaufpreis möglich ist, kein Grundlagenwissen in Baustofftechnik und -physik vorzuweisen hat und keinen Grundbuchauszug lesen kann, wird auch dann nicht weit kommen, wenn er ein Verhandlungsgenie ist.

Darüber hinaus gibt es viele andere Wissensgebiete, die ein Immobilienexperte zumindest in Grundzügen abdecken muss. Allein das juristische Feld rund um die Maklerbranche, Makler- und Mietrecht ist ebenso groß wie wichtig und spielt praktisch in jedem Arbeitsschritt eine Rolle: Was muss der Makler tun, um seinen Provisionsanspruch zu sichern? Wie muss ein Mietvertrag ausgefüllt werden, damit er nicht anfechtbar ist? Wie „übersetzt" man einen Kaufvertrag in allgemein verständliche Sprache? Welche Vermarktungsmethoden sind zulässig?

Ein Makler muss kein Fachmann auf all diesen Gebieten sein. Dazu gibt es Finanzberater, Rechtsanwälte, Notare, Architekten, Bauingenieure und Handwerksmeister. Aber ein Makler muss solides Grundwissen auf vielen Feldern vorweisen können. Er sollte erkennen können, ob bestimmte Baumaterialien oder vorherige Verwendungen des Grundstücks Gesundheitsrisiken bergen können, und auf dieser Verdachtsgrundlage einen Experten hinzuziehen. Er muss den monatlichen Finanzierungsansatz und das Eigenkapital eines Kaufinteressenten zumindest überschlagsweise mit dem aktuellen Zinsniveau verrechnen und damit einen ungefähren realistischen Kaufpreis mit Nebenkosten bestimmen können. Auch die optische Unterscheidung z. B. zwischen Kunstschiefer, Naturschiefer und Betonpfanne darf den Makler nicht überfordern.

Fachausbildung oder Quereinsteiger?

Breit gestreutes Wissen ist nicht nur die Voraussetzung für eine verlässliche Beratung, die die Kunden mit ihrem Geld bezahlen, es stärkt auch die Verhandlungsposition des Maklers. Wer mit Selbstbewusstsein auf der Basis von gutem Fachwissen in Verhandlungen hineingeht, nimmt automatisch eine souveräne Haltung ein – und das mit Recht. Letztlich sind für einen guten Makler zwei Dinge wichtig: Er muss mit Menschen umgehen und zwischen ihnen vermitteln können. Schließlich bedeutet „makeln" im Wortursprung nichts anderes als „vermitteln". Außerdem muss er über ein solides Fachwissen verfügen. Der formale Weg, auf dem dieses Fachwissen zustande kommt, ist eher zweitrangig. Inzwischen bietet die Immobilienwirtschaft eine große Zahl von Aus- und Weiterbildungen an, die den Einstieg in den Maklerberuf aus verschiedenen Richtungen ermöglichen. Mehrere private und öffentliche Hochschulen haben Studiengänge zur Immobilienwirtschaft entwickelt. Darüber hinaus gibt es eine große Zahl von Quereinsteigern, aus denen viele hervorragende Makler werden. Gerade das unbedarfte Herangehen von Neu- und Quereinsteigern führt oft zum offenen Zugehen auf Verhandlungspartner und zu einer größeren Handlungsfähigkeit am Markt.
Wer für sich selbst zwischen verschiedenen Aus- und Weiterbildungsangeboten entscheiden muss oder kann, sollte seine eigenen Stärken und Schwächen analysieren und kompensieren: Wer aus dem Vertrieb kommt, ist vermutlich bei einem Angebot richtig, das rechtliche und bautechnische Aspekte betont. Wer umgekehrt über einen Hintergrund in der Baubranche verfügt, profitiert am meisten von einer Weiterbildung mit Marketing- und Verhandlungsschwerpunkt. Natürlich ist dabei eine enge Anbindung an die Praxis im Immobilienbusiness nötig. Eine allgemeine Verkäuferweiterbildung hilft auf diesem doch sehr speziellen Geschäftsfeld wenig weiter.
Zusätzliche Impulse kann die regelmäßige Lektüre von Fachbüchern und -zeitschriften geben. Sie hilft vor allem dabei, auf dem aktuellen Stand der Markt- und Rechtsentwicklung zu bleiben oder neue Lösungen abseits eingefahrener Wege zu entdecken.

Der richtige Auftritt

Neben dem Fachwissen müssen auch Habitus und Erscheinung stimmen. Das fängt beim ersten Eindruck an, den man nach nur wenigen Augenblicken hinterlässt (siehe Kapitel 3.5). Dieser entscheidet über den Verlauf aller weiteren Verhandlungen. Dazu kann der Rat nur lauten: authentisch und dem Gesprächspartner angepasst auftreten. Einen Makler, der nun mal kein Anzugtyp ist, darf man nicht in diese Bekleidung zwingen. Entsprechendes gilt bei weiblichen Maklern beim Geschäftskostüm. Wer sich diesen Dresscode aufzwingt, wirkt eher verkleidet als authentisch. Das Gegenüber merkt dies genauso wie das Schwitzen seines Gesprächspartners. Ein negativer Einfluss auf den Dialog ist unvermeidbar und darf nicht unterschätzt werden.

Selbstverständlich muss die Kleidung dem Anlass angemessen und vor allem stimmig sein. Sie soll die Persönlichkeit und die beabsichtigte Aussage unterstreichen. Außerdem muss die Kleidung zum angesprochenen Kunden passen. In ländlichen Gegenden wird kaum jemand Akzeptanz erfahren und glaubwürdig erscheinen, der in förmlicher Businesskleidung auftritt, selbst wenn er oder sie Anzüge oder Kostüme bevorzugt. Hier sind wohl eher Jeans, T-Shirt, Hemd, Rolli, Blazer oder Sakko und festes oder flaches Schuhwerk angemessen. Ein Notartermin verlangt dagegen angemessene Kleidung, die auch eine gesteigerte Wertschätzung für die beteiligten Menschen vermittelt.

Kleine Farbenlehre

Wer mit Menschen zu tun hat, sollte sich mit der Bedeutung von Farben auskennen. Bei schreienden Farben, und seien sie noch so „in", ist Verzicht angesagt. Das bedeutet keineswegs, dass man sich langweilig kleiden müsste. Die Kombination macht es, und wie bei allem Edlen heißt es: Weniger ist mehr. Der gut gekleidete Makler beschränkt sich auf zwei Farben. Das sagt aus: Ich bin klar orientiert.
Besondere Vorsicht ist bei hellroten und schwarzen Tönen in Kombination geboten. Denn sie drücken Aggression oder Unzufriedenheit aus. Wer will seinem Geschäftspartner gegenüber schon streitsüchtig gegenübertreten oder bei diesem Feindseligkeit auslösen? Soll ein Geschäft wegen mangelnder Sympathie abgewendet werden, dann ist das die geeignete Farbkombination. Normalerweise sind jedoch neutrale und freundliche Farben sowie Pastellfarben eine gute Entscheidung, sofern sie zum Typ passen. Denn auch hier gilt: „Gekauft" wird der Makler als Person und Persönlichkeit.

Vollkommen inakzeptabel ist verknitterte oder unsaubere Kleidung, es sei denn, es war ein „Unfall" (Fleck) auf dem Weg zum Termin. Dann geht man besser souverän darüber hinweg, vermeidet die Erwähnung des Missgeschicks und kompensiert es mit Fachwissen. Saubere Schuhe sind unerlässlich. Genauso wie ein Entfernungsmesser, und Leitungsmesser gehört ein Ersatzpaar ins Auto. Für schmutzige Schuhe gibt es keine Entschuldigung. Selbst wenn das Ersatzpaar vergessen wurde, gibt es Möglichkeiten, die Schuhe vor dem nächsten Termin zu reinigen. Dies gebietet schon der Respekt vor dem Gesprächspartner.

Aus- und Weiterbildungen müssen eine solide Grundlage sowohl in Verkaufsstrategie als auch in allen notwendigen fachlichen Feldern vermitteln.

Quereinsteiger müssen ihre Aus- und Weiterbildungen besonders sorgfältig auswählen, um ein umfassendes Wissen aufzubauen.

Neben seiner Fachkompetenz wirkt ein Makler vor allem durch Authentizität und sein souveränes Auftreten in angemessener Kleidung.

1.5 Aktuelle Marktlage

Bereits seit einigen Jahren besteht eindeutig ein Verkäufermarkt. Das ist eine Folge der weltwirtschaftlichen Gesamtentwicklung: Andere Anlageformen haben sich als zunehmend unsicher erwiesen, und auch die Zukunft der Währungsmärkte, gerade in Europa, ist nicht absehbar. Da ist es nur logisch, dass Kapital aus Sparguthaben oder anderen Anlageformen verstärkt in Immobilienbesitz umgeschichtet wurde und wird. Das hat wiederum zur Folge, dass inzwischen die Angebotsseite weitgehend leer gefegt ist, die Nachfrage nach Immobilien jedoch weiter hoch bleibt. Vorerst bestimmt deshalb der Verkäufer den Markt.

Irgendwann kommt wieder ein Käufermarkt

Doch Schwankungen hat es in allen Wirtschaftszweigen schon immer gegeben. Die Entwicklung in eine andere Richtung kann buchstäblich über Nacht kommen. Oft lösen äußere Faktoren solche Umschwünge aus, weshalb sie auch von Kennern des Marktes kaum vorhersehbar sind. Die Immobilienbranche ist in ihrem Kern so volatil, dass sie von einem Extrem ins andere pendelt. Das mag man bedauern oder auch nicht: Es ist nun einmal so.

Früher oder später wird wieder ein Wechsel in den Käufermarkt folgen, bei dem das Angebot die Nachfrage übersteigt. Dann werden die Preise stagnieren oder sogar drastisch fallen. Die Entscheidungsphase des Käufers wird sich bedeutend verlängern, weil er unter einer großen Zahl von Angeboten das für ihn optimale auswählen kann. Unter Umständen leidet die Entscheidungsfähigkeit des Käufers angesichts der Aussicht, vielleicht doch noch etwas Besseres zu finden. Das bedeutet für Makler, dass der Käufer erheblich mehr Beratungsbedarf und Hilfe bei der Entscheidung braucht als der Verkäufer. Im Haus oder in der Wohnung selbst oder auf dem Baugrundstück bekommen Makler es bei der Besichtigung mit erheblich kritischeren Interessenten zu tun, die Qualität und Lage sehr genau unter die Lupe nehmen. Auch die Leistung, also der Wohnwert oder die Renditeaussichten, die für die Investition zu erwarten ist, muss dann aus Käufersicht höheren Ansprüchen genügen.

Auf der anderen Seite wird es bei den Verhandlungen mit dem Verkäufer einfacher. Wer froh sein muss, dass der Makler überhaupt einen geeigneten und willigen Käufer präsentieren kann, wird bei der Provision oder beim Exklusivauftrag ein sehr angenehmer Verhandlungspartner sein. Außerdem sinkt in einem aus Verkäufersicht dermaßen schwierigen Marktumfeld die Bereitschaft, sich auf das „Abenteuer Privatverkauf" ohne professionelle Begleitung einzulassen. Allerdings wird in diesem Fall die Käuferprovision schneller zum schwierigen Thema.

Kompetenz bleibt immer gefragt

Umbrüche ändern aber nichts daran, dass letztlich die Dienstleistung des Immobilienexperten grundsätzlich wertvoll und gefragt ist. Eine Form von Knappheit existiert immer – entweder von Objekten oder von passenden Kaufinteressenten.
Makler müssen die Marktentwicklung erkennen und angemessen darauf reagieren. Derzeit treten Verkäufer den Fachleuten mit dem Argument gegenüber: „Verkaufen kann ich allein. Ich muss nur genügend Interessenten kommen lassen." Wenn der Markt sich dreht, wird es von Käuferseite heißen: „Kaufen kann ich allein. Ich muss mir nur genug anschauen." Im Kern geht es darum, in beiden Situationen mit der Qualität der fachlichen Dienstleistungen zu überzeugen.

Trotz der Notwendigkeit der richtigen Reaktion auf die aktuelle Entwicklung gibt es globale Ansätze, die immer greifen; egal ob bei Verkäufer- oder Käuferknappheit. Schließlich ist der „Faktor Mensch" immer gleich, und das Maklergeschäft bleibt ein Geschäft mit Menschen. Die Gründe, warum Menschen Immobilien kaufen, lassen sich in jeder Marktlage auf die Schlagworte „Sicherheit", „Freiheit", „Altersvorsorge", „Kapitalanlage", „Prestige" (siehe Kapitel 3.8) zurückführen. Eine ordentliche Wertermittlung (siehe Kapitel 2.1.4) ist in jedem Fall unabdingbar, und auch eine Besichtigung (siehe Kapitel 2.2.5) will in jedem Marktumfeld sorgfältig vorbereitet werden.

Derzeit herrscht Immobilienmangel bei großer Nachfrage, irgendwann wird der Markt sich aber sicher wieder drehen.

Unabhängig von der Marktlage bleibt die Fachkompetenz immer das Hauptargument, das für den Makler spricht.

Eine dauerhafte Stabilität und Ausgewogenheit gibt es auf dem Immobilienmarkt nicht.

Der Makler muss zu jeder Zeit den Markt in allen Ausformungen beherrschen, um spontan reaktionsfähig zu sein.

2. Die Makler-Erfolgsstrategie

2.1 Immobilieneinkauf

2.1.1 Verkäufer am Telefon überzeugen

Wie so oft im Leben, entscheidet sich auch beim Immobilieneinkauf eine Menge beim ersten Kontakt; und der spielt sich in aller Regel am Telefon ab, außer bei der Kaltakquise. Dieser Begriff wird seit einigen Jahren immer wieder fälschlicherweise mit unerwünschten Werbeanrufen gleichgesetzt. Kaltakquise bedeutet tatsächlich aber, dass der Makler hinaus zu den Menschen geht, in der Nachbarschaft eines Objekts nach potenziellen Käufern sucht oder in interessanten Stadtteilen über den Gartenzaun hinweg mit den Leuten ins Gespräch kommt. Auf diese Weise erschließt sich ganz offen und direkt eine Quelle für Immobilien, die zum Verkauf stehen. Man kann dieses Vorgehen auch als „Vorgartenakquise" bezeichnen.

In den meisten Fällen wird aber der verkaufswillige Immobilienbesitzer den Makler anrufen, weil er sich Hilfe beim Vermarkten erhofft, oder der Makler geht per Anruf einem Angebot aus einer Zeitung oder dem Internet nach. Auch aus einer gut aufgestellten Zuträgerschaft (siehe Kapitel 1.1) kommen viele Hinweise auf zum Verkauf stehende Immobilien, die per Telefon näher überprüft werden können. In einer guten Position ist der Makler immer dann, wenn er von einem Informanten und damit einem Bekannten oder sogar einer Vertrauensperson des Verkaufsinteressenten empfohlen wurde. Doch auch wenn der Verkäufer durch Anzeigen oder andere Werbemittel auf den Makler aufmerksam geworden ist, kann ein gutes erstes Telefonat schnell eine positive Basis schaffen. Idealerweise geht man auf den Gesprächspartner offen und ehrlich zu. Nach der Begrüßung gilt es deshalb, die eigene Ausgangsposition zu schildern: die Suche nach Immobilien für bestimmte Interessenten und den Wunsch, das betreffende Objekt einmal unter dieser Voraussetzung anzuschauen. Nicht mehr und nicht weniger. Ziel des telefonischen Erstkontakts ist einzig und allein die Besichtigung.

Realistisch bleiben

Im ersten Gespräch sollten weder übertrieben optimistische Verkaufschancen ausgemalt noch der Versuch unternommen werden, schon vorab den Preis abzuschätzen. Beides wäre in einer Phase, in der noch nicht einmal eine erste Besichtigung erfolgt ist, schlicht unfair. Immobilien lassen sich nicht per Ferndiagnose bewerten; erst recht nicht aufgrund der Aussagen eines Verkaufswilligen, dem die nüchterne Distanz zum Objekt sowie Sachverstand und Marktkenntnisse fehlen. Auch der Verweis auf bebilderte Objektbeschreibungen, die ein Eigentümer vielleicht auf eigene Faust in einem einschlägigen Immobilieninternetportal erstellt hat, hilft nicht weiter. Entscheidend bleibt die persönliche Besichtigung des realen Objekts. Die Terminabsprache zu diesem Zweck sollte am Ende des telefonischen Erstkontakts stehen – mehr nicht.

Verbindliche Beauftragungen, Aussagen über das eigene Leistungsspektrum oder das Thema „Provision" haben im ersten Telefonat mit dem Verkäufer nichts zu suchen. Das wäre in vielen Fällen auch Zeitverschwendung. Denn wenn sich die Immobilie bei der Besichtigung als uninteressant herausstellt, sind alle eventuell getroffenen Absprachen hinfällig. Darüber hinaus kann alles, was auch nur im Entferntesten einer Leistungszusage oder einer Anpreisung der eigenen Dienste nahekommt, zu einem Konflikt mit dem kürzlich verschärften Gesetz gegen den unlauteren Wettbewerb führen. Überhaupt hält das Wettbewerbsrecht viele potenzielle Probleme für das Geschäft mit Immobilien bereit, in der Akquisephase ebenso wie in der späteren Vermarktung (siehe Kapitel 2.2.1). Es lohnt sich, sich in diesem Rechtsgebiet sorgfältig weiterzubilden, beispielsweise mit den Fachbüchern von Rudolf Koch.

Keine Versprechen machen

Einige Verkäufer pochen auch gleich darauf, dass sie auf keinen Fall irgendetwas unterschreiben und schon gar keine Provision bezahlen möchten. Auf diese Ebene lassen Makler sich am besten überhaupt nicht ein. Auch hier hilft das Argument, dass es zuerst einmal nur um einen Besichtigungstermin geht und mögliche Vereinbarungen erst danach kommen, wenn die Immobilie überhaupt interessant für den Makler sein sollte. Die Beschreibung der Immobilie ist natürlich von der Wahrnehmung des Verkäufers gefärbt und selten objektiv, hat doch jeder gelernt, dass im Verkauf die Darstellung der Pluspunkte zählt. Auch Bilder geben keinen adäquaten Eindruck, denn sie sind zweidimensional. Oft geschieht es in der Praxis, dass eine Beschreibung vielversprechend klingt, doch in Wahrheit das Haus ganz anders aussieht.

Manche Verkäufer neigen dazu, schon beim Telefonat Aussagen über Vermarktungschancen und mögliche Erlöse zu verlangen. In diesem Fall sind beim Makler Rückgrat und Ehrlichkeit gefragt. Die Antwort auf solche Ansprüche ist einfach: Der Makler darf ruhig schildern, nach welcher Art von Immobilien er derzeit für seine Kunden auf der Suche ist. Wenn das angebotene Objekt nicht annähernd in dieses Raster passt, kann der Kontakt an diesem Punkt durchaus schon beendet sein. In den meisten Fällen wird aber irgendwo im Kundenstamm zumindest die Aussicht auf Interesse bestehen. Konkret kann sich darüber aber nur ein Urteil erlauben, wer die Immobilie tatsächlich gesehen hat. Das darf und muss dem Gesprächspartner auch deutlich klargemacht werden.

Darüber hinaus sollte man das Schlagwort „Auftragsübernahme" präsent halten und immer wieder als Möglichkeit ins Gespräch einfließen lassen: Ein Makler übernimmt einen Verkaufsauftrag, er „bekommt" ihn nicht, als ob das eine milde Gabe wäre. Und die Entscheidung zur Auftragsübernahme fällt erst, wenn alle relevanten Informationen über ein Objekt vorliegen und aus ihnen eine realistische Chance zur erfolgreichen Vermarktung ablesbar ist.

Auftrag ist kein Gnadenakt

Wer sich vor Augen hält, dass ein Auftrag kein Gnadenakt ist, nimmt am Telefon automatisch eine souveräne Rolle ein. Vor allem Anfänger im Maklerbusiness neigen allerdings dazu, übertrieben zurückhaltend aufzutreten. Damit verkaufen sie sich unter Wert und bestärken den Anbieter in der Haltung: „Der soll froh sein, wenn er meine Immobilie vermarkten darf." Genau das ist nämlich die vorherrschende Meinung, gepaart mit der Geringschätzung von Leistung und Qualifikation eines Maklers. Die meisten Eigentümer gehen davon aus, dass man zur Vermarktung einer Immobilie nicht viel können müsse: Man schalte eine Anzeige oder ein Internetangebot, empfange Interessenten, mit denen man Besichtigungstouren absolviert. Dabei lobe man ein wenig Ausstattung, Raumzuschnitt, Lage sowie weitere Vorzüge und warte dann einfach ab, bis irgendjemand die Immobilie kaufen will.
Bei dieser Auffassung fehlt die Einsicht, wie komplex und zum Teil auch gefahrenbehaftet der Maklerberuf ist. Grund dafür ist die immer noch nicht ausreichende Transparenz am Markt, bezogen auf die Art und den Umfang der notwendigen Schritte im Immobilienverkauf.

Maklerqualität bewusst machen

Ziel muss es sein, die uninformierte und zum Teil überhebliche Haltung des Eigentümers bis zum Ende des Telefonats umzudrehen. Schließlich hat im Gegenteil der Makler das, was der Verkäufer braucht – einen Kreis potenzieller Käufer. Selbst wenn der Kundenstamm keinen Käufer hergibt, verfügt der Makler immer noch über das Know-how und die Kontakte, um einen solchen zu finden. Er weiß, wo, wann und wie welche Immobilie korrekt und Erfolg versprechend am Markt platziert werden kann. Das Verdeutlichen dieses Geschäftsverhältnisses und das Schaffen einer Verhandlungsbasis, natürlich ohne dabei arrogant zu wirken, sind die Hauptziele des Maklers dem Verkäufer gegenüber.
Auch Anfänger können mit Zuversicht an solche Gespräche herangehen. Selbst wenn sie erst wenige Monate in der Branche tätig sind, wissen sie durch Weiterbildung, Seminare, Erfahrungsaustausch mit Kollegen und die ersten selbst getätigten Geschäfte bereits deutlich mehr als jeder Immobilienbesitzer, der vielleicht ein- oder zweimal im Leben ein Haus oder eine Wohnung verkauft. Möglicherweise hat ein Privatverkäufer sich anhand von mehr oder minder verlässlichen Quellen intensiv in die Materie eingearbeitet – Makler sind aber täglich in der Branche aktiv, und das unmittelbar in der Praxis.

Geduld siegt

Ein spezieller Fall sind Immobilienbesitzer, die meinen, selbst alles besser zu können. Vor allem wer frisch am Markt ist, versucht gern, seine Immobilie selbst und ohne Maklerhilfe zu verkaufen, auch um die ungeliebte Provision zu sparen, und fühlt sich oft sogar belästigt, falls der Makler von sich aus den Kontakt herstellt. Solche Kandidaten sollte man ruhig erst einmal mit eigenen Anzeigen und selbst organisierten Besichtigungen agieren lassen. Hier kann das Telefonat schnell mit der Anfrage beendet werden, ob man sich in vier bis sechs Wochen noch einmal melden darf. Bis dahin hat der Anbieter erste Erfahrungen mit Besichtigungstouristen gemacht oder Preisvorschläge bekommen, die ihm nicht gefallen. Um diese Erfahrungen reicher, steigt die Bereitschaft zur Zusammenarbeit mit einem Immobilienexperten deutlich an. Natürlich besteht dann das Risiko, dass ein anderer Makler ins Geschäft kommt oder die Immobilie tatsächlich verkauft wurde. In den meisten Fällen zahlt sich Geduld jedoch aus.

Am Ende eines gelungenen ersten Telefonats mit einem potenziellen Verkäufer steht entweder der vereinbarte Termin für eine persönliche Besichtigung des Verkaufsobjekts oder die Verabredung für einen weiteren, intensiveren Telefonkontakt zu einem späteren Zeitpunkt.

Beim telefonischen Erstkontakt niemals Aussagen zu Wert oder Vermarktungschancen eines Objekts, zu Provisionen, Leistungsprofil und Auftrag machen!

Den potenziellen Verkäufer von der eigenen Kompetenz und dem Wert der Maklerdienstleistungen überzeugen!

Der Immobilienbesitzer muss das Gefühl entwickeln, den Makler gern zu einer ersten Besichtigung kommen zu lassen.

Immer an das Stichwort „Auftragsübernahme" denken: Der Makler ist Herr des Verfahrens und entscheidet, ob er den Auftrag übernimmt. Und das vor Ort und nicht am Telefon!

Ziel des ersten Telefonats kann nur die persönliche Besichtigung der Immobilie sein.

Der Makler muss sich immer bewusst sein, was derzeit gesucht und gekauft wird. Bei der ersten Inaugenscheinnahme geht es nur um den Abgleich mit der Marktlage und die Identifikation möglicher Kaufmotive für das Objekt.

2.1.2 Jetzt wird's persönlich: Kontakt mit dem Immobilienbesitzer

Beim ersten persönlichen Kontakt mit der Verkaufsimmobilie und ihrem Noch-Besitzer, dem sogenannten Orientierungstermin, geht es an die hohe Kunst des Immobiliengeschäfts. Der Makler muss gleichzeitig eine Vielzahl von Eindrücken sammeln und auswerten: Umgebung, Umfeld, Lage, Ausstattung, Zuschnitt und Zustand der Immobilie, eventuelle Renovierungen, Anbauten, sonstige Veränderungen und vor allem eine Einschätzung des Menschen, der als Verkaufsinteressent auftritt. Nicht zuletzt muss die persönliche „Chemie" zwischen dem Makler und dem potenziellen Geschäftspartner stimmen. Neben dem Einholen dieser vielfältigen Informationen innerhalb begrenzter Zeit ist die psychologische Vorbereitung des Verkäufers auf die weiteren Schritte der Verhandlungs- und Vermarktungsstrategie nötig. Vor allem aber sollte am Ende des Gesprächs ein persönlicher Draht zwischen den beteiligten Geschäftspartnern entstanden sein.

Der Orientierungstermin besteht deshalb nicht nur aus dem Sammeln von sachlichen Daten. Der Small Talk, das Interesse an der Person des Verkäufers, seiner Lage und den Umständen des beabsichtigten Verkaufs sind keine Rand-, sondern Hauptaspekte. Ein professioneller Makler hat also ein ehrliches Interesse an der Lebenslage, den Hintergründen und auch an der Person des Verkäufers. Dazu gehört auch die Geschichte des Gebäudes oder der Wohnung: Wann wurde das Haus von wem gebaut? Wer hat dort gelebt? Wie wurde es sonst noch genutzt, beispielsweise als Arbeitsstätte? Das steigert das Verständnis für das Objekt und den Noch-Eigentümer und kann darüber hinaus Impulse für die Vermarktung geben. Wenn ein Altbau beispielsweise einmal eine Schreinerwerkstatt beherbergt hat, kann das für einen Liebhaber historischer Möbel ein wichtiges emotionales Kaufargument werden. In vielen Fällen ist die Geschichte das eigentliche Verkaufsobjekt, und nicht Quadratmeter, Baukörper und Lage. Das zeigt sich vor allem an der später häufig gestellten Käuferfrage: „Warum will der Eigentümer die Immobilie überhaupt verkaufen?"

Immobilie unter der Lupe

Natürlich sollten auch die harten Fakten klar werden:

- Handelt es sich beim Gesprächspartner um den tatsächlichen Eigentümer oder um einen Verwandten oder Beauftragten?
- Gibt es mehrere Eigentümer, beispielsweise eine Erbengemeinschaft?
- Welche Bau- und Renovierungsgeschichte steht hinter dem Haus?
- Auf welchem Stand ist die Ausstattung mit Haustechnik?
- Wie steht es mit der energetischen Qualität der Bausubstanz?

- Ist ein Energieausweis vorhanden?

- Wie sieht es mit Wert und Zustand beispielsweise von Bodenbelägen oder Einbauten aus?

- Welches Interieur kann oder soll mit verkauft werden?

- Wie lange laufen die Verkaufsbemühungen bereits?
- Was wurde bisher zur Vermarktung des Objekts unternommen?

- Welche Preisvorstellung besteht und wie ist sie entstanden?

- Besteht für die Abwicklung des Geschäfts ein fester Zeitrahmen oder nicht?

- Gibt es einen bestimmten Grund, warum die Immobilie gerade jetzt verkauft werden soll?

- Was ist mit dem Verkaufserlös geplant?

Gerade die Frage nach der Verwendung des Erlöses gehört neuerdings verstärkt auch zum Aufgabengebiet des Maklers, umso mehr, wenn Verkäufer zwischen Vermietung und Verkauf schwanken. Makler müssen eine vermögensstrategisch sinnvolle Reinvestitionsoption anbieten können; zwar noch nicht beim Orientierungstermin, aber im weiteren Verlauf. Hier sollten Makler über zeitgemäße Argumente für den Verkäufer verfügen, um damit Kompetenz zu zeigen und Sicherheit zu vermitteln. Ein Makler muss deshalb die Wirtschaftsnachrichten auch außerhalb der Immobilienbranche aufmerksam verfolgen und das weltweite politische Geschehen im Auge behalten. Nur so strahlt er Kompetenz aus, wenn er Hinweise zu Anschlussgeschäften gibt, etwa zum Kauf einer Wertanlage oder zum Erwerb einer Wohnung nach einem geplanten Umzug.

Dieses umfassende Wissen ist in der Branche noch zu wenig verbreitet. Viele Makler schrecken sogar regelrecht davor zurück, ihre Verkaufskunden nach ihren Plänen für den Verkaufserlös zu fragen. „Das geht mich doch nichts an, das ist viel zu intim“, lautet die verbreitete Abwehrhaltung. In der Realität ist es oft ganz anders. Wer mutig nach den Plänen mit dem Verkaufserlös fragt, wird nur von den wenigsten Verkäufern unwirsche Antworten bekommen. Vielmehr gehören das Interesse dafür und das Angebot solider Möglichkeiten zur Reinvestition zur Sorgfaltspflicht für Immobilienfachleute, die sich heute mehr denn je als Dienstleister in allen Fragen rund um Häuser, Wohnungen und Grundstücke verstehen müssen (siehe Kapitel 3.2). Schließlich stellt auch eine relativ kleine Immobilie einen großen Vermögenswert dar. Da ist es nur logisch, nach einer neuen Anlageform zu fragen.

Zwangsvollstreckung: Heikel, aber lösbar

Möglicherweise werden beim ersten Gespräch auch schon besondere Probleme deutlich, beispielsweise eine drohende Zwangsvollstreckung. In dieser Situation muss sich der Makler auch mit der Gläubigerbank in Verbindung setzen, und zwar als Anwalt seines Klienten. Es geht darum, für alle Beteiligten, auch für die Bank, in dieser besonderen Situation das beste Ergebnis zu erzielen. Oft haben Verkäufer dann schon resigniert und sind nicht mehr in der Lage oder waren es gar nie, sich gegenüber der Gläubigerbank zu behaupten. Im Fall einer Zwangsverwertung hat die Bank auch immer einen eigenen Schaden. Es gilt also, für alle Beteiligten den Schaden zu begrenzen, und da ist der Makler gefragt. Ein Not leidender Verkäufer hat möglicherweise die Hoffnung aufgegeben oder verfügt nicht über die Instrumente, um sich mit der Bank noch angemessen zu einigen. Das ist nach einer möglichen Auftragsübernahme, die eine entsprechende Vollmacht umfasst, die Aufgabe des Maklers.

Für den Orientierungstermin sind weitere Unterlagen wie Grundrisse, genaue Quadratmeterangaben, Nebenkostenabrechnungen und Ähnliches nicht nötig. Dieses Material lässt die auf den Termin konzentrierte Informationsflut nur noch mehr ansteigen und kann genauso gut später angefordert werden, wenn feststeht, ob der Makler überhaupt mit diesem Objekt arbeiten möchte. Dann ist es allerdings wichtig, alle diese Dokumente lückenlos zur Verfügung zu haben. Eine Fotokamera hilft dagegen beim Orientierungstermin weiter. Bei den Fotos handelt es sich nur um Gedankenstützen für die spätere Bewertung, nicht jedoch um Material für die Vermarktung. Dies sollte dem Verkäufer eindringlich klargemacht werden. Schließlich soll nicht das ungute Gefühl erzeugt werden, dass nun Bilder entstehen, die kurz darauf in irgendwelchen Immobilienanzeigen im Internet kursieren.

Objekte und Menschen bewerten

Von zentraler Bedeutung, allerdings zugleich ein schwieriges Thema, ist die Flexibilität beim Kaufpreis. Früher oder später wird es nämlich darum gehen, sich mit den Preisvorstellungen des Verkäufers kritisch auseinanderzusetzen – entweder wenn eine professionelle Wertermittlung ein deutlich abweichendes Ergebnis erbracht hat (siehe Kapitel 2.1.4) oder wenn ein ehemals finanzierter, realistischer Wert am Markt derzeit nicht zu erzielen sein sollte. Schon beim ersten Gespräch lässt sich ausloten, ob man es mit einem Gegenüber zu tun hat, das unverrückbar an seinen Preisvorstellungen festhält, oder ob und welchen Argumenten der Verkäufer zugänglich ist.

Dabei ist immer zu bedenken: Art und Ergebnis der Bewertung gehen erheblich auseinander, wenn ein langjähriger Eigentümer und ein neutraler Beobachter sich mit dem gleichen Haus oder Grundstück oder der gleichen Wohnung befassen. Für jeden ist das Zuhause oder eine lange vertraute Immobilie das Buch, in das er ein Kapitel seiner persönlichen Geschichte schreibt – in jeder nur denkbaren Facette. Das ergibt einen hohen emotionalen Wert. Dem stehen Makler mit den realen Fakten und der verkäuferischen

Umsetzbarkeit gegenüber. Dies muss zu Differenzen führen. Hier gilt es, eine Brücke zwischen den beiden Welten zu schlagen.

Vorsicht bei Preisvorstellungen des Verkäufers

Letztlich spielt der spätere Preis schon bei der Besichtigung mit, egal ob unterschwellig oder direkt angesprochen. Vor allem Neulinge neigen dazu, die Preisvorstellung des Eigentümers zu übernehmen, weil sie sich noch nicht trauen, den später zu ermittelnden Marktwert durchzusetzen. Hier dominiert oft der Hintergedanke, dass der Verkäufer schon merken wird, dass er mit unrealistischen Vorstellungen am Markt nicht weit kommen wird.
Doch was folgt daraus? Irgendwann wird ein Konsolidierungsgespräch unausweichlich, bei dem der Makler versuchen muss, den Verkäufer nachträglich von zu hohen Preisvorstellungen abzubringen, ebenso von den Plänen, die er bereits mit dem erwarteten Erlös gemacht hat. Das wird doppelt schwierig. Es ist wie in einer Beziehung: Wenn man erst einmal etwas einschleichen lässt, kann man es später kaum noch korrigieren. Übertragen auf den Immobilienverkauf heißt das: Warum ist nun auf einmal der Preis nicht mehr in Ordnung, mit dem man sich schon eine ganze Zeit lang am Markt bemüht hat?

Von einem professionell arbeitenden Makler ist jedoch so viel Konsequenz zu erwarten, dass er unrealistische Preiserwartungen von vornherein ablehnt und eher auf diesen Auftrag verzichtet. Andernfalls schadet er allen, auch sich selbst. Zwar kann auch das eine Erfahrung sein, aber jeder Makler kommt nach einigen wenigen solcher Versuche zu der Einsicht, so etwas in Zukunft sein zu lassen.

Im Gespräch locker bleiben

Vor allem Jung- und Neumakler neigen dazu, Faktenfragen im Orientierungsgespräch in dichter Folge zu stellen, um ihr Arbeitsprogramm zügig zu erledigen und nichts zu vergessen. Davon gilt es sich zu lösen. Der Verkäufer fühlt sich schnell wie in einem Verhör oder einer Prüfung in der Schulzeit – eine Situation, die niemand besonders mag. Der daraus folgende Unmut kann das Geschäft zum Scheitern bringen, bevor es richtig angelaufen ist.

Besser ist es, die Fragen ungezwungen im Verlauf der Besichtigung zu stellen, immer wieder aufgelockert durch persönliche Plauderei. In fast jeder Immobilie gibt es einen persönlichen „Andockpunkt“: ein ererbtes Möbelstück, ein Bild oder ein Sportgerät. Solche Dinge bieten die Gelegenheit, ehrliches Interesse an der Person des Verkäufers zu zeigen. So entsteht eine entspannte Gesprächsatmosphäre. Der Verkäufer fühlt sich als Mensch respektiert und bekommt den Eindruck, dass auch der emotionale Wert ernst genommen wird, den die Immobilie für ihn hat. Viele Fakten klären sich in einem solchen Gespräch von selbst, ohne dass der Makler sie tatsächlich ansprechen muss. Schließlich sind sie Teil seiner Immobiliengeschichte, die wie jede Geschichte erzählt werden will.

Raum zum Erzählen geben

Die besondere Situation der Besichtigung macht es dem Makler leicht, eine persönliche menschliche Ebene aufzubauen. Insbesondere wenn es sich um eine vom Verkäufer selbst bewohnte Immobilie handelt, beispielsweise das Elternhaus, findet sich eine Menge von Anknüpfungspunkten, um den Verkäufer persönliche Geschichten erzählen zu lassen. Diesen Erzählfluss sollte man keinesfalls bremsen, sondern ihn höchstens sanft auf die interessanten Aspekte lenken. Damit bleibt die Orientierungsbesichtigung für beide Beteiligte angenehm und entspannt. Ähnlich, wenn auch etwas heikler, kann der Gesprächsverlauf bei einer Scheidungsimmobilie sein. Dabei übernimmt der Makler ein Stück weit die Psychologenrolle. Auch dabei geht es um die persönliche Geschichte und das Zulassen einer Erzählung dieser.
Nicht zuletzt entsteht auf diesem Weg auch Kundenbindung. Nach einem netten Spaziergang mit einem aufmerksamen und interessierten Menschen durch die Immobilie fällt es dem Verkäufer später deutlich schwerer, einen Exklusivauftrag zu verweigern, die Provision zu drücken oder das Geschäft ganz platzen zu lassen. Schließlich fühlt er sich als Mensch bei einem verständnisvollen Gegenüber besser aufgehoben als bei einem Makler, der ausschließlich mit harten Fakten daherkommt.

Immer langsam mit dem Vertrag

Spätestens am Ende des Orientierungstermins erwarten die meisten Verkaufswilligen, dass der Makler zu Verhandlungen über Vertrag und Provision ansetzt, und sehen so ihre ursprüngliche Skepsis gegenüber dem Berufsstand bestätigt. Genau diese Erwartung darf man ruhig enttäuschen. Das hat zwei Vorteile: Erstens laufen die Argumente gegen einen Exklusivauftrag und für das Herunterhandeln der Provision, die der Immobilienbesitzer sich zweifelsohne zurechtgelegt hat, zunächst einmal ins Leere. Zweitens gibt diese Vorgehensweise dem Makler Zeit, um sämtliche Informationen, die während des Orientierungstermins mit Notizblock, Gedächtnis und Bauchgefühl gesammelt wurden, gründlich und seriös auszuwerten.
Statt des Einstiegs in Verhandlungen gilt es meistens, erst einmal den Rückzug anzutreten. Sofern die Immobilie nicht bei der ersten Besichtigung als vollkommen indiskutabel entlarvt wurde, steht am Ende des Orientierungstermins die verbindliche Absprache eines zweiten Treffens mit dem Verkaufsinteressenten. Bei dieser Gelegenheit darf dem Gegenüber ruhig enthüllt werden, dass nun erst einmal eine Marktwerteinschätzung ansteht – auch im Interesse des potenziellen Verkäufers, der ja verlässliche Daten über sein Objekt erhalten möchte. Solange diese Einschätzung nicht vorliegt, dürfen Makler sich keinesfalls darauf festlegen lassen, ob und wie sie weiter an der Vermarktung der Immobilie arbeiten.

Nur in den seltenen Fällen, in denen deutlich sichtbar ein echter Immobilienschatz zutage getreten ist und der Besitzer erkennbar zu den gewünschten Konditionen abschlusswillig ist, kann eine Ausnahme von diesem vorsichtigen Vorgehen gemacht werden.
Meist folgt auf das Orientierungsgespräch aber erst einmal eine eingehende Auswer-

tungsphase, in der die gesammelten Informationen stichwortartig und übersichtlich in eine Schriftform gebracht werden. Dabei sollte ein erster grober Abgleich mit der Kundendatei zeigen, für wie viele Interessenten die betreffende Immobilie geeignet sein könnte und wer zumindest in den erweiterten Interessentenkreis gehört. Vor allem aber ist Rechenarbeit gefragt: Mit einer Marktwertermittlung auf der Basis der gesammelten Daten verschafft sich der Makler die zentrale Grundlage für seine weitere Arbeit.

Bei der ersten Besichtigung geht es nicht nur um die harten Fakten der Immobilie, sondern auch um das Finden einer persönlichen Ebene mit dem Besitzer.

Ziel ist eine verbindliche Gesprächsatmosphäre, in der der Noch-Besitzer viel über das Objekt, seine Geschichte und sich selbst erzählt.

Keinesfalls jetzt schon Aussagen zum möglichen Kaufpreis machen!

Auch für den Abschluss des Verkaufsvertrags ist es noch zu früh. Erst muss eine verlässliche Wertermittlung durchgeführt werden.

Auftragsverhandlungen folgen erst im nächsten Gespräch.

Nur wenn während des ersten Termins ein guter Verkauf erkennbar wird und der Verkäufer Bereitschaft zur Zusammenarbeit zeigt, kann eine Auftragsübernahme eingeleitet werden.

Eine stimmige Terminologie und souveräne Gesprächsführung kennzeichnen den professionell arbeitenden Makler.

2.1.3 Damit sich Leistung lohnt: Provision und Exklusivauftrag

Im Idealfall entsteht in der Nachbereitung des Orientierungsgesprächs die Erkenntnis: „Für diese Immobilie finde ich einen Käufer, und mit diesem Noch-Besitzer kann ich vernünftig arbeiten." Dann kann das nächste Etappenziel nur eines sein: der Exklusivauftrag. Denn schließlich will niemand im Allgemeinauftrag in ein Objekt Mühe, Kreativität und Verhandlungsgeschick investieren, um am Ende einen Kollegen das Geschäft machen zu lassen.
In der Praxis stimmen jedoch viele Makler einem Allgemeinauftrag zu, um überhaupt an ein Objekt zu kommen – gerade, aber nicht nur, am Anfang ihrer Laufbahn. Das ist der bequeme Weg, weil man sich zunächst unangenehme Diskussionen mit dem Verkäufer erspart. Aber wie so oft im Leben ist der bequeme zugleich der falsche Weg. Gerade am Anfang der Tätigkeit als Immobilienhändler sollte man sich nicht auf Allgemeinaufträge einlassen. Hat sich dieses Vorgehen erst einmal eingeschliffen, ist es später nur sehr schwer zu korrigieren. Dann doch lieber von Anfang an den scheinbar steinigen Weg gehen und sich nicht vom Exklusivauftrag abbringen lassen.

Ein Allgemeinauftrag ist nicht nur für den Makler selbst ärgerlich, sondern auch für die Kaufinteressenten. Im Idealfall fühlen sie sich von ihrem Makler mit ihren Wünschen ernst genommen und gut beraten. Wenn dann jedoch eine verheißungsvolle Immobilie von parallel beauftragten Maklern anderweitig verkauft wird oder auch nur ein unangenehmer Zeit- und Entscheidungsdruck entsteht, schadet das nicht zuletzt dem Ansehen des Maklers auf der Seite der Käufer. Eine der wenigen Ausnahmen ist ein Ausbietungsverfahren von Banken, Städten und Gemeinden oder sonstigen öffentlichen Einrichtungen, die sich schon der Neutralität wegen nicht an einen einzigen Makler binden.

Unnachgiebig bleiben

Potenzielle Immobilienverkäufer haben jedoch meistens Vorbehalte gegen einen Exklusivauftrag. Das liegt hauptsächlich an dem verbreiteten Missverständnis, dass der Verkäufer sich damit binden würde. Doch dem ist nicht so. In Wahrheit behält der Verkäufer, spätestens nach einer Gesetzesänderung im Jahr 2007, selbst alle Optionen. Darüber hinaus hat der Immobilienbesitzer ein Widerrufsrecht für den Vermarktungsauftrag, über das der Makler ihn vor dem Abschluss belehren muss.
Häufig legen eigene schlechte Erfahrungen, Negativpropaganda aus dem Bekanntenkreis oder die Befürchtung, dass der Makler sich nicht ausreichend engagieren würde, den Eigentümer auf einen Allgemeinauftrag fest. Als Makler sollte man vom Exklusivauftrag jedoch keineswegs abgehen. Schließlich verpflichtet man sich dabei sogar gesetzlich, alles dafür zu tun, dass die Immobilie vermarktet wird. Wer diesen Auftrag ernst nimmt, will eine realistische Chance haben, die Aufwendungen und die Zeit, die er dafür investiert, auch refinanzieren zu können. Diese Sicherheit gibt es nur mit einem Exklusivauftrag. Diese Zusammenhänge müssen für den Verkäufer im Verlauf der Verhandlungen deutlich werden. Der Makler sollte ihm klarmachen, dass nur dann volle Motivation besteht, wenn die Erlösaussichten das rechtfertigen.

Man darf sogar noch einen Schritt weitergehen: In den Exklusivvertrag gehört auch eine Klausel über einen Aufwendungsersatz, falls der Immobilienbesitzer von seinem weiter bestehenden Recht Gebrauch macht, das Objekt privat zu verkaufen. Natürlich darf dieser Ersatz nur die tatsächlich bereits entstandenen Kosten zur Vermarktung der Immobilie umfassen. Ist der Aufwendungsersatz nicht schriftlich festgelegt, besteht keinerlei Anspruch darauf.

Die Perspektive verändern

Die Kunst besteht darin, den Immobilienbesitzer vom Exklusivauftrag zu überzeugen. Auch dabei helfen Wahrheit und Verstand weiter. Im Gespräch erweist es sich als hilfreich, den Verhandlungspartner gedanklich in die Lage des Kaufinteressenten zu versetzen: Was würde er als Käufer denken, wenn er die angebotene Immobilie parallel in Zeitungsanzeigen oder auf Webseiten entdecken würde, vielleicht sogar mit abweichenden Konditionen? So etwas macht keinen guten Eindruck, ist leider aber an der Tagesordnung. Dabei entsteht der Verdacht, dass mit dem Objekt irgendetwas nicht stimmt oder dass der Verkäufer finanzielle Schwierigkeiten hat und das Haus und die Wohnung dringend abstoßen muss. Dem Verkäufer sollte bewusst werden, dass ein solches „inflationäres" Vorgehen sich nachteilig auf den erzielbaren Preis auswirkt und im Gegenzug noch nicht einmal die Umsatzgeschwindigkeit erhöht. Einem einsichtigen Eigentümer dürften mit dieser Argumentation die Vorteile einer exklusiven Zusammenarbeit mit einem einzigen Makler klar werden.

Poker um die Provision

Ähnlich sieht auch das Vorgehen bei Provisionsverhandlungen aus, wobei es grundsätzlich drei Ansätze gibt, die je nach Region verschieden stark ausgeprägt sind: Verkäuferprovision, Käuferprovision sowie hälftige Provisionsteilung zwischen Käufer und Verkäufer.
Gerade in Gegenden, in denen die Käuferprovision üblich ist, lassen sich die Verkäufer- und die hälftige Provision nur schwer durchsetzen, auch wenn sie für den Geschäftsverlauf oft die bessere Lösung sind. Auch unter diesen Bedingungen muss der Verkäufer einen anderen Blickwinkel verstehen lernen: den des Maklers. Es geht darum, dem Verkäufer ins Bewusstsein zu rufen, dass Dienstleister sich letztlich für denjenigen einsetzen, der sie bezahlt. Würde es der Verkäufer denn in seinem eigenen Beruf anders handhaben?

Für den Verkäufer muss die Aussicht attraktiv werden, dass er die Person ist, die zumindest die Hälfte bezahlt und sich damit ein Recht auf das Engagement des Maklers erkauft. Ein wichtiges Argument in diesem Zusammenhang: Zu Problemen wegen nicht ausreichend erbrachter Leistungen von Maklern kommt es vor allem in den Bundesländern, in denen eine Käufer- oder eine hälftige Provision üblich ist. Scheinbar günstige Angebote werden so am Ende für den Verkäufer oft teuer, weil es mit der Vermarktung nicht vorangeht. Wenn für den Makler die Motivation durch die Verkäuferprovision fehlt, warum sollte er sich dann für diesen Verkäufer besonders einsetzen? Solche schlechten

Erfahrungen beeinflussen das gesamte Marktklima negativ, weil ein Verkäufer nach einer dermaßen misslungenen Vermarktung erst recht keinen Exklusivauftrag vergeben und auch niemandem dazu raten wird.

Volkssport Preisdrückerei

Psychologisch lässt sich beim Werben für die Verkäuferprovision auch der alte Spruch „Was nichts kostet, ist auch nichts wert" nutzen. Nur wer etwas investiert, in diesem Fall in die Maklerdienstleistungen, bekommt auch Qualität geboten. Dabei zahlt sich Transparenz aus. Als Makler darf und soll man dem potenziellen Verkäufer den Umfang der Arbeit deutlich machen, die man in die Immobilie hineinsteckt.
Insgesamt herrscht unter Immobilienbesitzern eine fast schon absurde Sicht der Dinge. Ausgerechnet bei einem so sensiblen Thema wie dem Immobilienvertrieb wird immer wieder versucht, den Preis für gute Arbeit zu drücken oder durch private Verkaufsbemühungen die Branchenfachleute gleich außen vor zu lassen. Diesen Versuchen sieht sich keine andere Berufsgruppe mit ähnlich verantwortungsvollem Arbeitsfeld gegenüber. In Deutschland herrscht beispielsweise nicht unbedingt Anwaltspflicht vor Amtsgerichten. Trotzdem begibt sich kaum jemand ohne Anwalt in juristische Auseinandersetzungen, und wenn es nur um die missachtete rote Ampel geht. Dieser Vergleich lässt sich auch auf das Thema „Provision" anwenden: Wie käme es wohl beim Mandanten an, wenn der Anwalt auf sein Honorar verzichten würde – mit dem Hinweis auf die Begleichung durch die Gegenseite? Wer würde sich da gut verteidigt fühlen? Tatsächlich fordern aber viele Immobilieneigentümer geradezu die Käuferprovision und damit die Bezahlung des Dienstleisters durch die Gegenseite.
Bei Immobilien scheint der Wert von guter Beratung noch weitgehend unbekannt zu sein, obwohl es beim Verkauf oder Kauf eines Hauses um große Summen geht. Egal ob die Immobilie 80.000 oder 380.000 Euro wert ist: Sie ist keine Bagatelle wie die rote Ampel.

Nicht herunterhandeln lassen

Neben der Frage, wer die Provision zahlen soll, ist die Höhe entscheidend. Üblich sind fünf bis sechs Prozent des Kaufpreises. Gerade Neulinge im Geschäft neigen dazu, sich herunterhandeln zu lassen, um einen Auftrag nicht zu verlieren. Besonders bei der Verkäuferprovision droht diese Gefahr. Lediglich nach oben hat der Gesetzgeber eine Grenze von acht Prozent eingezogen. Alles, was darüber hinausgeht, ist laut Gesetzgeber Wucher. Manche Kollegen arbeiten auch mit sogenannten „Köderimmobilien", für die sie keine oder nur eine geringe Provision verlangen. Oft nutzen Verkäufer Angebote dieser Art durch andere Makler als Druckmittel, um die Provision zu verringern. Hier ist der Makler gefordert, für Transparenz zu sorgen und dem Verkäufer das Marktgeschehen deutlich zu machen. Denn neben den Ködern haben die Kollegen schließlich noch einige andere Angebote zur vollen Provision am Markt. Natürlich werden sie sich zuerst und mit voller Energie dafür einsetzen, diese Objekte umzusetzen, für die sie auch eine Provision erhalten.

Keinesfalls sollte die Provision unter die Grenze von fünf Prozent Provision sinken. Geschäftspartnern, die dies durchzusetzen versuchen, treten Makler wiederum am besten mit dem Qualitätsargument entgegen: Wer gute Arbeit im Dienst und im Sinn seines Auftraggebers abliefert, will sich auf eine angemessene Entlohnung verlassen. Es besteht auch kein Verhandlungsspielraum. Verantwortungsvoll agierende Makler leisten gute und erfolgreiche Arbeit, klar messbar in Form eines Abschlusses und Verkaufs. Und damit sind sie ihr Geld wert. Wer sein Bad mustergültig renoviert bekommt, kann im Nachhinein ebenfalls nicht einfach den Handwerkerlohn kürzen. Dann nimmt nämlich der Installateur die Rohrzange zur Hand und baut das Waschbecken wieder aus.

Den eigenen Wert verdeutlichen

Dabei ist es auch unerheblich, ob am Ende 6.000, 10.000 oder mehr Euro auf der Rechnung stehen. Gerade Jungmakler zeigen dann geradezu ein schlechtes Gewissen: „Das ist ja doch ganz schön viel." Doch dieses Geld errechnet sich für alle Beteiligten klar erkennbar aus dem erzielten Preis und der Provision. Viel zu oft wird außerdem vergessen, dass Makler eine der wenigen Berufsgruppen sind, die ihren Erfolg unmittelbar an den Erfolg ihres Auftraggebers binden. Geld fließt nur, wenn die Immobilie tatsächlich verkauft wird. Eine nach oben offene Verdienstmöglichkeit ist eine der stärksten Motivationen, die es gibt. Eine Deckelung dämpft logischerweise auch den Antrieb zur Arbeit. Warum sonst funktionieren Bonussysteme in vielen Unternehmen?
Gerade unter diesem Aspekt motiviert ein Minimallohn niemanden zu Engagement. Schließlich soll der Makler zu hundert Prozent Leistung erbringen. Dann sollte er sich über die Provision auch zu hundert Prozent refinanzieren können. Das gebietet schon der gesunde Menschenverstand, den auch der Immobilienverkäufer anerkennen sollte. Schließlich sagt er ja auch nicht zu seinem Arbeitgeber: „Chef, ich erbringe volle Leistung, aber es reicht, wenn Sie mir siebzig Prozent meines Lohns zahlen." Fachwissen bei Immobiliengeschäften ist wichtig und wertvoll: Das muss den Kunden bewusst sein, aber auch den Maklern.

Ziel kann nur der Exklusivauftrag sein.

Die Provision sollte entweder vom Verkäufer oder hälftig von ihm und dem Käufer bezahlt werden. Käuferprovision ist die schlechtere Lösung.

Bei der Provisionsverhandlung keinesfalls herunterhandeln lassen.

Wichtigstes Argument für eine angemessene Provision ist die hohe Qualität der Maklerdienstleistung. Diesen Anspruch muss der Makler allerdings getreulich erfüllen.

2.1.4 Die Zahl, um die sich alles dreht: Den Marktwert ermitteln

Mit dem richtigen Marktwert steht und fällt das gesamte Immobiliengeschäft. „Das Geheimnis liegt im Einkauf", heißt es. Wer den richtigen Marktwert ermittelt, erhöht Umsatzchancen sowie die Umschlagsgeschwindigkeit und erzielt für seine Auftraggeber die bestmögliche Summe für das Objekt, die die Marktlage hergibt.
Liegt der angesetzte Wert zu hoch, bleibt die Nachfrage aus. In diesem Fall erhält weder der Besitzer den Verkaufserlös noch der Makler seine Provision. Andere professionelle Beobachter des Marktes nehmen eine daraus folgende überlange Angebotsphase der Immobilie sehr wohl wahr und richten ihr Einkaufsverhalten daran aus. Das kann dazu führen, dass die anfangs über dem Marktwert angebotene Immobilie am Ende deutlich darunter den Besitzer wechselt.

Das richtige Ermittlungsverfahren

Zur Marktwertermittlung stehen mehrere bewährte Verfahren zur Verfügung. Bei einer guten Datenlage zu Immobiliengeschäften in der Umgebung ist das Vergleichswertverfahren das Mittel der Wahl. Basis dafür sind die Marktberichte, die die Gutachterausschüsse in jeder Region auf der Grundlage sämtlicher gemeldeter Immobiliengeschäfte erstellen. Auf dieser Basis lässt sich das Vergleichswertverfahren immer dann anwenden, wenn die Medien oder der Marktbericht zahlreiche sehr ähnliche Immobilien in vergleichbarer Lage, von gleichem Alter und ähnlicher Größe aufweisen. Besonders gut ist das Vergleichswertverfahren in Baugebieten aus bestimmten Jahreszyklen geeignet, ebenso in planmäßig und gleichförmig angelegten Stadtquartieren und Baugebieten, beispielsweise in Reihenhaussiedlungen. Allerdings verfügt auch dann jede Immobilie naturgemäß über individuelle Stärken und Schwächen, beispielsweise über eine besonders hochwertige Innenausstattung, auf deren Grundlage der Wert aus dem herangezogenen Vergleichsmedium modifiziert werden muss.

Auf das selbst ermittelte Gesamtbild der übrigen vorhandenen Angebote am Markt sollte man sich als Makler dagegen nicht verlassen. Schließlich handelt es sich dabei nicht um die Preise, zu denen die Geschäfte am Ende auch abgeschlossen werden, sondern es sind lediglich Angebotspreise.
Das sachbezogene Verkehrswertverfahren findet dagegen immer dann Anwendung, wenn die Datenbasis im Marktbericht zu dünn ist. Wenn beispielsweise in einer kleinen, ländlichen Kommune insgesamt nur wenige Eigentumswohnungen oder Reihenhäuser gehandelt werden, stößt die offizielle Marktwertermittlung an ihre Grenzen, weil sich aus einer geringen Zahl solcher „Exoten-Immobilien" keine verlässliche Statistik erstellen lässt.
In diesem Fall bietet das sachbezogene Verkehrswertverfahren eine Grundlage für die Marktwertermittlung. Das setzt voraus, dass die Makler dieses Verfahren auch erlernt haben. Selbstverständlich gibt es heute ausgereifte Software, die dieses Wissen ersetzt oder ergänzt. Dennoch müssen Immobilienfachleute dieses Verfahren auch in allen Details selbst durchführen können, um in eventuell eintretenden Extrem- oder Sonderfällen handlungsfähig zu bleiben.

Kompetenzen nicht überschreiten

Beim sachbezogenen Verkehrswertverfahren wird der Bodenrichtwert zur Bewertung des Grundstücks herangezogen. Die amtlich ermittelten Bodenrichtwerte lassen sich den Berichten oder Auskünften der Gutachterausschüsse entnehmen. Sie liegen üblicherweise auch in der jeweiligen Kommunalverwaltung vor. Der Bodenrichtwert wird auf die als Bauland zu bewertende Grundstücksfläche hochgerechnet und dazu der Wert der Bauwerke und Außenanlagen addiert: der durchschnittliche und auf den heutigen Stand modifizierte Quadratmeterpreis bei Eigentumswohnungen und bei Häusern der Preis pro Kubikmeter umbautem Raum. Das Ergebnis muss zunächst abhängig vom Alter des Objekts modifiziert werden, bevor wertmindernde und werterhöhende Maßnahmen oder Begebenheiten eingerechnet werden. Das sind unter anderem erfolgte Renovierungen oder technische Neuerungen, eine besonders hochwertige Ausstattung oder eine besonders günstige Lage, beispielsweise in Bezug auf Ausblick oder Infrastruktur der Umgebung. Bei Häusern fließt zudem der Wert der Außenanlage ein, also etwa der Garten, Nebengebäude, Zisternen, Garagen oder Carports. Schließlich wird noch der Marktanpassungsfaktor eingerechnet, der individuell für jede Region aus Listen der Gutachterausschüsse hervorgeht.

Grundsätzlich gilt aber: Makler dürfen nur und ausschließlich Marktwertermittlungen vornehmen. Alle anderen Ermittlungen sind nur zulässig, wenn sie Gutachter oder Sachverständige mit entsprechender Ausbildung sind.

Den Wert dem Verkäufer verkaufen

Eine gewissenhaft und transparent vorgenommene Marktwertermittlung ist nicht nur die Voraussetzung für die richtige Einpreisung und Platzierung am Markt. Sie ist auch das wichtigste Werkzeug für die weiteren, bald folgenden Verhandlungen mit dem Verkäufer. Zu einem bereits am Ende des Orientierungsgesprächs festgelegten Termin sollte der Marktwert feststehen, die verständlich aufbereitete Marktwertermittlung und auch ein erstes Grobkonzept für die Vermarktung (siehe Kapitel 2.2.1) vorliegen.

In diesem Gespräch muss der Makler erste härtere Verhandlungen mit seinem Gegenüber erwarten. Viele Verkäufer haben eine falsche, meist zu hohe Meinung vom Wert ihrer Immobilie. Gründe können die emotionale Verbundenheit und die daraus folgende gefärbte Wahrnehmung sein, ebenso das Überschätzen von vielleicht in Eigenleistung vorgenommenen Renovierungen oder die schlichte Unkenntnis der Lage am Immobilienmarkt. Besonders die Ausstattung mit bestimmten Bodenbelägen, Armaturen und Schaltern oder die sonstige Innenausstattung schätzen Immobilienbesitzer gern zu hoch ein. Eine Kassettendecke aus massivem Eichenholz mag für viel Geld eingebaut worden sein und immer noch einen hohen Materialwert haben. Da heute aber helle Räume bevorzugt werden, kann die einst wertvolle Schreinerarbeit sogar wertmindernd wirken, weil der neue Besitzer sie entfernen lassen will. Der Altbesitzer wird das meist vollkommen anders sehen.

Auf der anderen Seite sollte der Makler eine brauchbare oder gar wertvolle Ausstattung bereits jetzt als Aktivposten für die Preisverhandlung mit dem Interessenten (siehe Kapitel 2.2.7) im Hinterkopf behalten. Einbauschränke, eine Küche, teure Lampen oder Ähnliches können später als Zugabe angeboten werden, um ein Herunterhandeln des Gesamtpreises abzuwenden.

Kein Geheimwissen

Unrealistischen Vorstellungen des Besitzers über den Marktwert begegnet der Makler erneut am besten mit Wahrheit und Klarheit, nämlich mit der Offenlegung einer nachvollziehbaren Marktwertermittlung auf Grundlage der öffentlichen Gutachterdaten. Deshalb ist es keineswegs verschwendete Zeit oder Verrat von Zunftgeheimnissen, die Marktwertermittlung mit dem Eigentümer der Immobilie detailliert durchzugehen. Dies erhöht das Einvernehmen mit der weiteren Arbeit des Maklers.

Aber Vorsicht: Makler dürfen ausschließlich Marktwertermittlungen oder -einschätzungen anfertigen. Makler, die nicht gleichzeitig Gutachter und Sachverständige sind, dürfen keine Sachwertermittlung vornehmen und dürfen vor allen Dingen die Unterlagen zu ihrer Wertanalyse nicht aus der Hand geben. Sie dürfen maximal eine schriftliche Verkaufspreisermittlung aushändigen, die ausdrücklich als Einschätzung gekennzeichnet ist.

Nicht immer überschätzen Verkäufer allerdings den Wert, auch wenn dieser Fall häufiger vorkommt. Es gibt durchaus auch den einen oder anderen, der nach einer Marktwerteinschätzung überrascht feststellt, dass die Immobilie viel mehr wert ist als angenommen. Damit hat der Makler einen Vorteil. Er wird kaum mit Einwänden zum Marktpreis konfrontiert werden.

Ein korrekt ermittelter Marktwert optimiert die Vermarktungs- und Ertragschancen.

Vergleichswertverfahren bei guter Marktdatenlage, sachbezogenes Verkehrswertverfahren bei dünner Datenlage.

Nicht auf Computerprogramme verlassen! Makler müssen eine Wertermittlung auch selbst durchführen können.

Eine für den Besitzer transparente Marktwertermittlung auf der Basis öffentlich zugänglicher Daten wird von ihm leichter akzeptiert.

Schon bei der Marktwertermittlung auf mögliche Zugaben für die späteren Preisverhandlungen achten!

Makler dürfen nur Marktwertermittlungen und -einschätzungen erarbeiten und aushändigen. Nur wenn sie Gutachter oder Sachverständige sind, dürfen sie auch andere Bewertungsverfahren anwenden und dem Kunden überlassen.

2.1.5 Keine Angst vor dem Verkäuferveto

Auch wenn der Makler dem potenziellen Immobilienverkäufer bereits einen realistischen Marktpreis nähergebracht, die Angst vor dem Exklusivauftrag genommen und auch Versuche abgewehrt hat, die Provision herunterzuhandeln, kann es noch Einwände von Verkäuferseite geben.
Viele Verkäufer schrecken schon deshalb vor einem Exklusivauftrag zurück, weil sie befürchten, dass sie sich selbst dann nicht mehr um eine Vermarktung kümmern dürfen. Natürlich ist kein Makler erfreut, wenn der Besitzer während seiner Arbeit an diesem Projekt zugleich Eigenverkaufsbemühungen unternimmt, aber das ist nun einmal dessen gutes Recht. Deshalb sollte niemand zögern, den Verkäufer darüber aufzuklären, dass das Exklusivrecht lediglich die Hinzuziehung anderer Makler ausschließt. Sollte der Hausbesitzer also plötzlich von einem Nachbarn mit Kaufinteresse angesprochen werden, kann er das Geschäft weiterhin selbst abschließen – wenn auch mit allen enthaltenen Risiken.

Etwas anders sieht es beim sogenannten qualifizierten Alleinauftrag aus. Dabei schließen Makler und Verkäufer einen individuellen Vertrag ab, bei dem sich der Immobilienbesitzer tatsächlich verpflichtet, auch alle privat gefundenen Kaufinteressenten an den Makler zu verweisen und nicht selbst mit ihnen zu verhandeln. Das schließt zwar eine „Gefahr" für den Makler aus, steigert aber seine Verantwortung und Verpflichtungen, sich noch intensiver um die Vermarktung des Objekts zu bemühen. Zudem ist die Anwendung und Durchsetzung eines qualifizierten Allgemeinauftrags rechtlich erheblich erschwert, wie mehrere Gerichtsurteile beweisen. Deshalb ist diese Auftragsform in der Praxis nicht ratsam.

Zwiespältiger Eigenverkauf

Der Makler muss auch deutlich machen, dass ein Eigen- oder Privatverkauf nicht immer dienlich ist. Bei Nachbarn, Verwandten und mehr oder minder weitläufigen Bekannten kann es besonders schwierig werden, über Geld zu reden. Außerdem gehört die Überprüfung potenzieller Käufer auf Verlässlichkeit und Zahlungsfähigkeit zu den zentralen Maklerdienstleistungen. Beispielsweise kann kaum ein Laienverkäufer zwischen einer verbindlichen und einer allgemeinen Finanzierungsbestätigung einer Bank unterscheiden.
Auch in dieser Hinsicht wird es bei Geschäften im persönlichen Umfeld des Privatverkäufers noch einmal erheblich schwieriger. Mit Rücksicht auf ein weiteres gutes Einvernehmen nimmt man Freunde und Verwandte nicht allzu genau unter die Lupe, was deren finanzielle Leistungsfähigkeit betrifft. Diese moralischen Skrupel sind menschlich verständlich, aber es geht bei Immobilien nun einmal um Geschäftsabschlüsse in erheblicher Höhe. Wenn etwas schiefgeht, haben solche Vorgänge schon manche Freundschaft gekostet, Familien entzweit und, noch viel schlimmer, ganze Existenzen gefährdet. Die oft darauf folgenden endlosen Gerichtsverhandlungen sind nicht nur belastend, sondern können auch viel Geld verschlingen – bei ungewissem Ausgang. Deshalb sollte man auch unter guten Freunden auf eine exakte und leidenschaftslose Überprüfung setzen. Selbst in diesen Fällen ist der Eigentümer also gut beraten, wenn er Kaufinteressenten, die ihn

direkt angesprochen haben, an den Makler verweist.
Besonders kritisch wird es, wenn der mögliche Privatverkauf nicht allein auf Mundpropaganda oder zufälligen Gesprächen mit Bekannten beruht, sondern der Eigentümer parallel regelrechtes Marketing betreibt. Das schmälert in der Summe die Vermarktungschancen deutlich: Potenzielle Käufer informieren sich meistens intensiv über den Immobilienmarkt in der Region. Wenn sie für das gleiche Angebot sowohl das Inserat des Maklers als auch das eines Privatverkäufers sehen, werden sie im Regelfall mit dem Privatverkäufer Kontakt aufnehmen. Diesen Mechanismus muss der Makler dem Eigentümer klarmachen, und auch die Tatsache, dass seine Bemühungen der Vermarktungsarbeit ein Stück weit entgegenwirken sowie der Stellung der Immobilie am Markt naturgemäß nicht guttun können, geschweige denn der Preisstabilität.

Verkäufer auch mal ziehen lassen

Gegen den ermittelten Marktwert legen Eigentümer gern ihr Veto ein. Die beste Abwehr dagegen ist eine transparente, nachvollziehbare und dem Eigentümer verständlich offengelegte Marktwertermittlung. Bleibt der Eigentümer hartnäckig bei überhöhten Wertvorstellungen, hat der Makler zwei Möglichkeiten: Zum einen kann er die Vermarktung übernehmen, aber auf Verlangen des Verkäufers vorerst mit dem gewünschten Wert operieren und ihn die Erfahrung machen lassen, dass man damit am Markt nicht zum Ziel kommt. Früher oder später wird der Verkäufer sich mit einem reelleren Marktwert einverstanden erklären. Allerdings birgt dies die Gefahr, dass man am Ende sogar unter den eigentlichen Marktwert gerät. Schließlich gibt es Marktbeobachter, die bei einer lange im Angebot befindlichen Immobilie nach der ersten Wertkorrektur auf ein weiteres Sinken des Preises spekulieren.

Die zweite Alternative besteht darin, den Auftrag nicht anzunehmen. Das mag gerade für Anfänger auf dem Immobilienmarkt schwer sein. So viel Zutrauen zur eigenen, korrekten Marktwertermittlung sollte man jedoch haben. In vielen Fällen kehrt ein Immobilienbesitzer spätestens dann zu einem verlässlich argumentierenden Makler zurück, wenn er entweder auch bei Kollegen mit seinen überhöhten Preisvorstellungen auf Abwehr gestoßen oder mit eigenen Verkaufsversuchen am Markt nicht weitergekommen ist, weil er die Immobilie zu einem überhöhten Preis nicht platzieren konnte. Diese fruchtlosen Versuche machen die meisten Privatverkäufer früher oder später verhandlungsbereit.
Auch gegen die Provision und ihre Höhe wird häufig Einspruch eingelegt. Dagegen kann der Makler angehen, indem er offen den Umfang und die Qualität seiner Dienstleistungen herausstellt. Wer dafür nicht den vollen Preis bezahlen will, muss sich entscheiden, welche Dienstleistungen er davon nicht buchen möchte.

Besichtigung ohne den Verkäufer

Wurde tatsächlich eine positive Vereinbarung getroffen, gilt es noch technische Fragen zu den hoffentlich bald beginnenden Besichtigungsterminen zu besprechen. Das ist insbesondere dann von Bedeutung, wenn die Immobilie noch bewohnt ist; entweder vom

Besitzer selbst oder von Mietern. Die Bewohner sollten das Objekt aufgeräumt, sauber und gut gelüftet halten (siehe Kapitel 2.2.4) und sich selbst während des Besichtigungstermins zurückziehen.
Vor allem für Neulinge ist es eine hohe Hürde, den Noch-Besitzer von einer persönlichen Mitwirkung an den Besichtigungsterminen abzubringen. Schließlich ist dieser vom verständlichen Wunsch beseelt, seine Immobilie von ihrer schönsten Seite zu präsentieren, und zudem womöglich felsenfest davon überzeugt, dass er dazu am besten fähig wäre. Doch das ist meist ein Trugschluss. Schon viele Verkäufer haben durch unbedachte Äußerungen bei der Besichtigung Interessenten verscheucht oder von Anfang an den erzielbaren Preis kleingeredet. Beispielsweise wird fröhlich vom benachbarten Kindergarten geplaudert, was Interessenten auf der Suche nach einem geruhsamen Alterssitz überhaupt nicht gefallen dürfte. Ein anderer Besitzer lobt vielleicht seine Apfelbäume, die ihm der Nachbar seit Jahren aberntet. Das könnte bei potenziellen neuen Eigentümern Argwohn wegen unbekannter Vereinbarungen schüren. Selbst wenn der Verkäufer nichts ausdrücklich Falsches sagt, untergräbt seine bloße Anwesenheit bereits die Autorität des Maklers. Sie wirkt wie ein unausgesprochenes Misstrauensvotum – als ob er überprüfen müsste, dass der Makler auch tatsächlich alles Positive präsentiert und nichts Wesentliches weglässt.

Verkäufer aus dem Marketing heraushalten

Besser ist es, wenn der Makler selbst die Kontrolle behält. Als Immobilien- und Verkaufsexperte hat er schließlich eine genaue Marktübersicht, kann aufgrund seiner Vorbereitung (siehe Kapitel 2.2.3) die Interessenten und ihre Suchkriterien genau einschätzen und weiß auch grundsätzlich, wie man mit potenziellen Käufern umgeht. Deshalb sollte schon in der Anlaufphase der Vermarktung unmissverständlich besprochen werden, wie sich der Verkäufer im weiteren Vorgehen verhält. In den meisten Fällen heißt es ganz einfach: Er sollte sich aus der Besichtigung heraushalten. Seine Anwesenheit und seine Einmischung schmälern zudem den gefühlten Wert der Maklerleistung, erbringt doch der Verkäufer einen Teil davon selbst, wenn auch nicht professionell, strukturiert und wenig strategisch ausgerichtet. Es gilt, diesen Umstand dem Verkäufer diplomatisch und dennoch nachhaltig nahezubringen; hat er doch einen ebenso großen Vorteil von der eigenen Abwesenheit wie der Makler. Am besten versetzt man ihn in Gedanken in die Lage eines besichtigenden Interessenten und skizziert vor seinem geistigen Auge, wie sich ein solcher in Anwesenheit des Eigentümers wohl verhält, wenn es etwas zu kritisieren gibt. Natürlich ist es für den Makler moralisch heikel, seinen Kunden aus dessen eigenem Besitz hinauszukomplimentieren, und sei es nur für die Dauer der Besichtigung. Nur wenn der Makler die möglichen Einwände eines Besichtigungsteilnehmers nicht erfährt, weil diese den Noch-Eigentümer nicht kränken wollen, kann er sie auch nicht entkräften. Deshalb kann der Eigentümer durch seine Anwesenheit einen möglichen Verkaufserfolg schmälern oder die Verhandlungen durch seine Mitwirkung behindern.

Zugaben vorbereiten

Wozu der Verkäufer schon an diesem Punkt eine Aussage treffen kann und soll, ist der Umgang mit der später so wichtigen Verhandlungsmasse. Für diesen Zweck interessante „Bonbons" wie Einbaumöbel, Armaturen, das Öl im Heizungstank, Badezimmermöbel oder andere Zubehörteile sollten schon bei der Wertermittlung berücksichtigt worden sein. Nun gilt es, beim Verkäufer eventuell noch vorhandene Rechnungen für diese Ausstattungsteile anzufordern, die aber nur zur Information des Maklers dienen und keinesfalls späteren Interessenten zugänglich gemacht werden dürfen. Handelt es sich um weitgehend leere Räume, sollte bereits jetzt mit dem Verkäufer ausgehandelt werden, ob er bereit ist, eventuelle Renovierungsarbeiten oder Schönheitsreparaturen zu übernehmen. Solche Leistungen können später dem Käufer als geldwerte Vorteile „verkauft" werden, ohne beim eigentlichen Preis der Immobilie nachgeben zu müssen (siehe Kapitel 2.2.7).

Der Verkäufer darf ruhig über seine Möglichkeiten zum Privatverkauf informiert werden – allerdings auch über die damit verbundenen Risiken.

Eigentümer mit hartnäckig falschen Preisvorstellungen muss man notfalls auch mal ziehen lassen.

Den Besitzer gilt es zu überzeugen, dass er sich aus Vermarktung und Besichtigung besser zurückzieht.

„Bonbons" und Bereitschaft für Renovierungsleistungen beim Verkäufer ausloten. Das schafft Verhandlungsmasse.

Eingriffe des Verkäufers in die Vermarktung vermeiden, um die Autorität des Maklers zu sichern.

Alle relevanten und noch ungeklärten Dinge nach dem Besichtigungstermin dem Verkäufer erklären und mit ihm besprechen.

2.2 Immobilienverkauf

2.2.1 Die richtige Strategie für Marketing und Werbung

Am Anfang der Marketingstrategie steht das Bestimmen der Zielgruppe. Denn schließlich dürfen Marketing und Werbung nicht einfach ins Blaue hinein zielen. Das wäre verschwendetes Geld. Zielgruppenorientiertes Marketing verringert nicht nur den Aufwand, sondern verhindert auch einen Verschleiß der Immobilie am Markt. Übermäßig breit beworbene Objekte geraten schnell in das Blickfeld von Immobilientouristen, die eher auf Zeitvertreib bei Besichtigungen als auf einen Kauf aus sind, oder von Händlern, die auf Preisdrückerei und einen schnellen Weiterverkauf spekulieren. Wenn der Makler es schafft, mit seinem Marketing tatsächlich die Gruppe anzusprechen, die an einer dauerhaften Eigennutzung oder an einer tragfähigen Kapitalanlage interessiert ist, erleichtert das auch seine eigene Arbeit.

Zuerst die Zielgruppe finden

Bei der Suche nach der passenden Zielgruppe ist die Plus-Minus-Liste das wichtigste Instrument. In ihr listet der Makler nach der Übernahme des Auftrags alle Stärken und Schwächen des Objekts auf – möglichst neutral und weder von eigenen Vorlieben noch von den Vorstellungen des Besitzers gefärbt. Gerade Einsteiger im Maklergeschäft neigen dazu, persönliche Geschmacksempfindungen einzubringen („Oje, hier könnte ich nie einziehen!" Oder: „Oh, schön! Das wäre auch was für mich."). Doch hier geht es nicht darum, dass der Makler kauft oder einzieht. Er muss vielmehr vermitteln und lernen, dass es wie beim Menschen für jede Immobilie den passenden Partner gibt. Neutralität erlangen die Makler am besten, wenn sie konsequent mit der Plus-Minus-Liste arbeiten.

Die Zielgruppen – meist sind es mehrere – definieren sich grundsätzlich aus dem Minus eines Objekts und nicht aus dem Plus. „Wen stören die Minuspunkte nicht? Wer empfindet sie vielleicht sogar als Vorteil?": Das sind die zentralen Fragen bei der Zielgruppensuche. Ein Grundstück an einer Eisenbahnlinie mag wegen der Geräuschbelastung kaum vermarktbar erscheinen. Erfahrungsgemäß sind diese Flächen in Neubaugebieten aber zuerst verkauft, denn sie werden oft von Anfang an zum niedrigeren Preis angeboten und bieten deshalb jungen Familien, die auf das Geld achten müssen, ein attraktives Preis-Leistungs-Verhältnis. Möglicherweise stößt man sogar auf einen Eisenbahnliebhaber, der schon immer von einer Terrasse mit freiem Blick auf vorbeirauschende Züge geträumt hat. Das ist nicht scherzhaft gemeint, das hat es tatsächlich schon gegeben. Vielleicht ist dies auch ein Ansatzpunkt, um den Bauplatz in einem Eisenbahnhobbymagazin statt in der Tageszeitung zu inserieren. Das einsame Haus im Wald mag dagegen für Familien mit Kindern und für Partygänger eine Schreckensvorstellung sein. Doch kann es für ein rüstiges Rentnerpaar zur Ruheoase werden oder einem Berufsmusiker ideale Übungsvoraussetzungen bieten.
Aus der Plus-Minus-Liste lassen sich im nächsten Schritt die zentralen Kaufmotive herausfiltern, die sich bei mehreren Zielgruppen in ihrer Gewichtung unterscheiden können.

Dabei spielen harte Fakten genauso eine Rolle wie Emotionen. Am Ende dieses Schrittes sollten einige Stichworte stehen, die später sowohl in Gesprächen als auch in verschiedenen Werbemitteln wieder auftauchen.

Die richtigen Werbemittel nutzen

Im Immobiliengeschäft steht eine große Bandbreite von Werbemitteln zur Verfügung, unter anderem Zeitungsanzeigen, verschiedene Internetplattformen, Informationsveranstaltungen, Handzettel und Aushänge. Jedes dieser Werbemittel funktioniert nicht nur für sich allein, sondern vervielfacht seine Wirkung durch Mundpropaganda, wenn die Werbung geschickt gemacht wird. Nicht zuletzt wirkt sich Verkaufsmarketing auch positiv auf das Einholen weiterer Aufträge aus: Ein Makler, der wegen seiner Werbung und seiner Angebote im Gespräch ist, wird auch von Verkaufsinteressenten wahrgenommen.

Wenn es an das Formulieren von Werbemitteln, aber auch an die Vorbereitung der persönlichen Ansprache von vorgemerkten Kunden geht, gilt wieder der gleiche Grundsatz wie bei der Immobilienakquise: Möglichst konkret werden! Wer exakt das Format der Immobilie, die Lage (jedoch nur das Gebiet und nicht die genaue Straße), Zustand und Besonderheiten benennt, nun auch die Pluspunkte würdigt sowie die herausgearbeiteten Kaufmotive mit aussagekräftigen Wörtern schildert, bekommt Kontakt zu tatsächlich interessierten Käufern. Dazu gehören noch der Kaufpreis und die Kontaktdaten des Maklers: Fertig ist die Zeitungsanzeige oder der Handzettel. Unscharf formulierte Objektprofile nach dem Gießkannenprinzip mögen zwar für einen größeren Personenkreis interessant erscheinen, sie führen aber zu Zeitverschwendung bei Verhandlungen und Besichtigungen mit Kunden, die eigentlich etwas anderes suchen.
Unbedingt vermieden werden müssen Aussagen zum eventuellen Mitverkauf von Interieur, Einbauküchen, hochpreisigen Lampengarnituren, Markisen oder Ähnlichem. Solche Details können später als Verhandlungsmasse in den Preisverhandlungen Gold wert sein (siehe Kapitel 2.2.7) – allerdings nur, wenn nicht bereits jetzt der Eindruck entsteht, sie seien im Preis inbegriffen.

Foto: Ein Hingucker muss sein

Ansprechende Fotos bilden ein wichtiges Element in jeder Marketingkampagne. Schließlich sind Fotos im Exposé oder in der Anzeige der Hingucker, an dem sich in Sekundenbruchteilen Interesse oder Ablehnung festmachen können. Allerdings ist nicht jeder Makler auch ein begnadeter Fotograf. Das muss er auch nicht sein. Wenn ihm die Fotografie nicht liegt, sollte er seine Schwäche eingestehen und die Fotoarbeit an jemanden mit entsprechendem Geschick weitergeben, beispielsweise an seine Assistenz. Um deren Fähigkeiten noch zu steigern, könnte man auch etwas investieren und ihr einen Fotokurs ermöglichen. Mögliche Ansprechpartner sind auch ambitionierte Hobbyfotografen oder Fotografiestudenten.
Immobilienfotos müssen eine gute Qualität haben, aber sie sind keine bautechnischen Dokumentationen. Vielmehr kommt es darauf an, dass sie positive Emotionen wecken,

die zu der angepeilten Zielgruppe passen. Deshalb ist es sinnvoll, wenn die Vermarktungsfotos erst nach dem Aufstellen der Plus-Minus-Liste entstehen, und der Fotograf die Grunderkenntnisse aus der Zielgruppenauswertung kennt und verstanden hat.

Viel Licht, viele Perspektiven

Vor der Fotosession sollte die Wohnung gründlich gesäubert und so weit aufgeräumt, dekoriert und falls nötig renoviert worden sein, wie es dem angestrebten Zustand für die Besichtigung entspricht (siehe Kapitel 2.2.4). Helligkeit, Blickwinkel und positiver Raumeindruck sind die Grundprinzipien der Exposé-Fotografie. Wer es ganz gründlich machen will, fotografiert jeweils die Räume, in die gerade die Sonne hereinscheint. Ob der Fotograf für ein Objekt tatsächlich einen ganzen Tag lang gebucht werden soll, ist letztlich eine Kosten-Nutzen-Rechnung, die von der jeweiligen Immobilie und dem erwarteten Preis abhängig gemacht werden muss. Zusätzlich zum Sonnenlicht schadet es nicht, auch noch sämtliche verfügbaren Lampen einzuschalten – selbst die Leuchten über dem Badezimmerspiegel. Je mehr Licht, desto besser. Ist ein Kamin vorhanden, sollte dort ein Feuer entfacht werden.

Beim Fotografieren macht es ein Stück weit die Masse. Am besten fotografiert man sämtliche Räume sowie das Gebäude von außen aus verschiedenen Blickwinkeln und aus verschiedenen Höhen – in der Hocke, stehend und mit über den Kopf gehobener Kamera. Anschließend lässt sich aus der Bilderflut in Ruhe das geeignete Material auswählen. Beim Bearbeiten der Bilder ist Zurückhaltung angesagt. Die Helligkeit und Farbbrillanz ein wenig verbessern, das ist erlaubt. Aber es darf nicht so weit gehen, dass ein unnatürlich blauer Himmel entsteht oder gar Schwachstellen der Immobilie wegretuschiert werden.

Emotionen wecken

Ein vernünftiges Exposé sollte mit dem ansprechendsten Foto als Titelbild und einer aussagekräftigen Überschrift versehen werden. Zwei bis drei weitere Aufnahmen, die natürlich das Titelbild nicht noch einmal wiederholen dürfen, reichen für die restliche Bebilderung aus. Wenn die Immobilie optisch überhaupt nichts Spannendes hergibt, kann man auf die Umgebung ausweichen: Eine geschichtsträchtige Burg oder der Ausblick in eine schöne Flusslandschaft schafft als Exposé-Titelbild mehr Atmosphäre als ein leer geräumtes Wohnzimmer mit Raufasertapete.
Überhaupt steht die Emotion im Blickpunkt. Selbst die harten Fakten zur Immobilie, ihrer Umgebung und deren Infrastruktur, die natürlich nicht fehlen dürfen, lassen sich im Exposé-Text emotional belegen (siehe Kapitel 3.8). Ist das Exposé fertig geschrieben, sollte in jedem Fall eine zweite Meinung eingeholt werden, beispielsweise von der Assistenz oder einem Kollegen. Jeder Text profitiert davon, wenn der Autor ein Feedback von unvoreingenommener Seite erhält.

Kundenstamm und Netzwerk nutzen

In vielen Fällen muss überhaupt keine Werbung im engeren Sinn betrieben werden. Nachdem die Plus-Minus-Liste erstellt und bearbeitet worden ist, geht es an das Aus- und Abarbeiten eines Marketingplans. An erster Stelle stehen dabei die Vormerkungen aus der eigenen Kundendatei (Kapitel 1.2). Schließlich sollten die Kunden, die sich vertrauensvoll an den Makler gewendet haben, auch einen gewissen VIP-Vorsprung haben. Je größer und besser gepflegt die Datei ist, desto schneller und zielgenauer ist diese erste Vermarktungsetappe erledigt und desto größer ist die Chance, das Objekt ohne größeren finanziellen Werbeaufwand zu verkaufen. Eine Woche Zeit sollte man sich und den vorgemerkten Kunden lassen, um diese erste Vermarktungsphase zu absolvieren.
Besonders vielversprechende Mitglieder des Zuträgernetzwerks sollten nach dieser Woche ebenfalls über das neue Angebot informiert werden, auch wenn sie in erster Linie auf die Objektakquise eingeschworen sind (Kapitel 1.1). Vielleicht haben sie ja einen Kaufinteressenten aus ihrem Suchgebiet an der Hand, der sich für die Immobilie begeistern lässt.

Nicht mehr ohne Internet

Wenn das Abarbeiten der Kundenliste und der Einsatz des Informantenkreises wenig Resonanz gebracht hat, bietet sich als nächster Schritt nach gut einer Woche das Einstellen in einschlägige Internetportale an (siehe Kapitel 3.7). Auf diesem Feld hat sich in den vergangenen Jahren ein entscheidender Wandel vollzogen. Bei den jüngeren Personen und Käufern im mittleren Alter haben Onlineportale die Zeitung als wichtigste Quelle bei der Suche nach Immobilien abgelöst. Diese Altersklassen schauen zuerst und fast ausschließlich im Internet nach, und auch in den älteren Semestern freunden sich immer mehr Menschen mit dem neuen Medium an. Für das Onlinemarketing spricht außerdem die gewaltige Reichweite. Schließlich haben die großen Immobilienportale Nutzerzahlen, die in die Millionen gehen.

Allerdings gibt es auch eine kleine Gruppe, die dem Internet grundsätzlich skeptisch gegenübersteht oder keine Lust hat, sich in die teilweise sehr komplizierten Suchfunktionen von Immobilienportalen hineinzufinden. Sogar unter jüngeren Menschen ist diese Einstellung vereinzelt zu finden. Insbesondere wenn ein durchschlagender Erfolg des Onlinemarketings ausbleibt, kann man diese Gruppe nicht außen vor lassen und über verschiedene Printformate zu erreichen versuchen.
Was die einzelnen Portale betrifft, ist Immobilienscout24 in Deutschland unbestritten die Nummer eins mit bis zu sieben Millionen Besuchern pro Monat. Hinzu kommt ein Umfeld, das Immobilieninteressenten eine Menge bietet: von Ratgebertexten rund um Haus und Inneneinrichtung über Bauträgersuche bis hin zum Umzugsplaner. Die Schlagkraft von Immobilienscout24 hat ihren Preis: Anzeigen auf dieser Plattform kosten im Durchschnitt mehr als bei anderen Anbietern.

Kleine Portale beachten

Nicht zuletzt wegen der Kosten für eine Anzeige sollte man neben dem Marktführer die kleineren Immobilienportale im Internet nicht vergessen. Die bedeutendsten von ihnen sind, wenn auch mit deutlichem Abstand zu Immobilienscout24, Immonet und Immowelt, die jeweils Nutzerzahlen im geringeren Millionenbereich aufweisen. Dennoch sollte eine umfassende Onlinevermarktung diese kleineren Plattformen nicht außen vor lassen. Auch das Internetauktionshaus eBay hat vor einigen Jahren mit erheblichem Werbeaufwand eine eigene Immobiliensparte eingerichtet. Der Angebotsumfang erreicht jedoch nur einen Bruchteil der übrigen genannten Portale.
Auch verschiedene Zeitungen oder Handelsunternehmen aus anderen Branchen sind mit Immobilienplattformen am Markt. Zeitungswebseiten können insbesondere für eine lokale oder regionale Vermarktung interessant sein. Bei speziellen Objekten können sich weitere kleinere Onlineportale anbieten. Beispielsweise hat die Zeitschrift „Bellevue" inzwischen eine Vermarktungsplattform speziell für hochwertige Immobilien ins Leben gerufen.
Bei der Auswahl der Webseiten für das Onlinemarketing spielt der Imageeffekt eine wichtige Rolle. Wer neben den großen Plattformen das Immobilienportal eines Revolverblatts mit schlechtem Ruf wählt, erzielt möglicherweise einen negativen Effekt für das Image der Immobilie sowie des Maklers. Auf der anderen Seite kann das Einspeisen in eine Webseite für ausgewiesene Luxusobjekte den gefühlten Wert steigern. Allerdings muss die Immobilie spätestens bei der Besichtigung diesem Anspruch auch gerecht werden.

Handzettel nicht unterschätzen

Parallel dazu können Handzettel oder Flyer gestaltet und verteilt werden. Bei der Auswahl der Kommunikationswege werden sie heute oft vergessen – zu Unrecht. Denn kaum ein anderes Werbemittel erlaubt eine dermaßen punktgenaue räumliche Ausrichtung der Marketingkampagne zu einem ähnlich günstigen Preis. Erfahrungsgemäß werden die meisten Immobilien, gerade außerhalb von Toplagen, an Menschen aus der Umgebung verkauft. Verständlich, denn diese Bewohner haben die Lage bereits akzeptiert und kennen die Vorteile dieser Wohngegend. Handzettel bieten sich sowohl zur Briefkastenverteilung, aber auch als Ausleger an markanten Stellen an, beispielsweise an Kiosken, im Einzelhandel oder am Imbissstand. Ähnliche Stärken bei der Ansprache von Käufern in der unmittelbaren Umgebung spielt der sogenannte „Maklergalgen", wie man ihn in den USA häufiger findet, oder ein „Zu verkaufen"-Banner an der Fassade.

Bei Flyern muss das Layout stimmen. Sie dürfen keinesfalls an Prospekte erinnern, zu überladen oder zu bunt aufgemacht sein. Dann verschwinden sie nämlich zusammen mit der Flut von Werbeblättchen ungelesen im Altpapier. Auch hier ist weniger mehr. Die Verwendung von mehr als zwei Farben schadet dem Flyer mehr, als sie nutzt. Nach den bekannten Werbegesetzen soll das Auge geleitet werden, um sicherzugehen, dass der Flyer oder auch andere Werbetexte bis zum Ende gelesen werden. Dies erreicht man mit einer markanten Überschrift und Unterüberschriften oder Zwischenzeilen im Haupttext.

Der Text beschreibt das Anliegen oder die Immobilie kurz, aber aussagekräftig. Am Ende folgen hervorgehoben die Kontaktdaten des Maklers, am besten mit Bild. Dieses Bild bereitet den Leser schon einmal auf den angepeilten persönlichen Kontakt vor und erzeugt das Gefühl von Bekanntheit.

Printanzeigen: Teuer, aber wirkungsvoll

Nach dem Verteilen der Flyer sollte man einige Zeit verstreichen lassen. Bleibt die Resonanz danach dennoch gering oder führen Gespräche mit Kaufinteressenten nicht zum Erfolg, ist es an der Zeit, Anzeigen in Printmedien zu schalten. Spätestens an diesem Punkt holt man auch die „Internetmuffel" und die ältere Generation mit in die gewünschte Zielgruppe.
Flyer und Printanzeigen dienen nicht nur dazu, bestimmte Immobilien zu verkaufen. Sie signalisieren zugleich, dass der Makler in der Region aktiv ist, und tragen damit zu seinem Image bei. Bleibt der durchschlagende Erfolg weiter aus, sind Veranstaltungen die nächste Stufe des Marketingplans, beispielsweise offene Besichtigungen.
Bei allen diesen Anstrengungen darf der Kostenrahmen nicht aus dem Blick geraten: Der Aufwand sollte fünfzehn Prozent der später zu erzielenden Gesamtcourtage nicht überschreiten. Mit dieser Faustformel passen sich der Umfang der Aktivitäten, Anzeigengröße und Handzettelauflagen automatisch dem Format der Immobilie an. Vor allem Berufseinsteiger sollten ihre Kosten penibel unter Kontrolle haben.

Marketing auch nach dem Abschluss

Marketing endet nicht mit dem Verkauf der Immobilie. Ist das Geschäft erfolgreich abgeschlossen und war zuvor das Interesse von potenziellen Käufern groß, ist ein Anschreiben an die Nachbarn eine gute Idee. Darin wird vor allem der Verkauf angezeigt. Zugleich kann man taktvoll anklingen lassen, dass nun ein Überhang an Interessenten besteht, und anfragen, ob die Nachbarn weitere verkaufswillige Immobilienbesitzer im Umfeld kennen oder sogar selbst ein Haus oder Grundstück verkaufen möchten. Auch das hält den Makler in der Gegend im Gespräch und eröffnet ihm den Zugriff auf „frische" Immobilien. An dieser Stelle geht das Verkaufs- in das Akquisemarketing über.

Auch der Käufer selbst kann zum Marketingmitarbeiter werden. Der richtige Zeitpunkt für eine Offensive in dieser Richtung ist wenige Tage nach dem erfolgten Einzug. Dann darf sich der Makler gern noch einmal zum Abschlussgespräch anmelden und sollte ein passendes dekoratives oder originelles Geschenk dabei haben. Eine gute Wahl sind zum Beispiel Türschilder, nach Möglichkeit mit einem Bezug zu einem Hobby oder anderen individuellen Eigenschaften des Käufers, die in den vorhergehenden Verhandlungen aufgefallen sind. Ein dekoratives Präsent für den Haushalt oder den Garten macht sich ebenfalls gut.
Wenn das Geschenk richtig gewählt ist, wird es den Käufer immer wieder an den Makler erinnern, und er wird vielleicht sogar von Besuchern darauf angesprochen werden. So kommt der Immobiliendienstleister im Freundeskreis ins Gespräch und bleibt in Erinne-

rung, falls die neuen Haus- und Wohnungsbesitzer oder jemand aus ihrem Umfeld wieder einmal Bedarf an Service rund ums Haus und Wohnen haben. Zunehmend organisieren Makler auch Einweihungspartys für den Käufer. Bei dieser Variante ist es besonders wichtig, die Kosten für das Fest im Verhältnis zum Erlös aus dem Geschäft zu halten.

Ein weiterer Kunstgriff: Das Datum des Kaufvertrags auf Wiedervorlage setzen und nach einem Jahr eine Geburtstagskarte nach dem Motto „Ihr Haus hat Geburtstag" verschicken.

Marketing beginnt mit der Definition einer Zielgruppe anhand der scheinbaren Schwächen der Immobilie.

Die Zielgruppe bestimmt die Argumente aller Marketingauftritte und zum Teil auch die verwendeten Medien.

Immobilienfotos müssen hell, einladend und vor allem emotional positiv belegt sein, ohne den Istzustand zu verschleiern.

Marketingreihenfolge: Kundenstamm, Zuträgernetzwerk, Internet, Flyer und Schilder am Objekt, Printanzeige, offene Besichtigung.

Marketing geht auch nach dem Verkauf weiter. Marketing endet nie!

2.2.2 Der Verkaufsprofi am Telefon

Wer in der Immobilienakquise und im Marketing alles richtig gemacht hat, wird im Regelfall nicht über einen Mangel an Kaufinteressenten klagen müssen. Im Gegenteil: Meistens stehen Makler einer Flut von Anfragen gegenüber. Dieser Ansturm bricht meistens über das Telefon herein.
Hier kommt es auf die richtige Gesprächsstrategie an, um zwei Ziele zu erreichen: Erstens gilt es, von Anfang an die Führung im Dialog zu übernehmen und zu behalten. Zweitens hat der Makler ein Interesse daran, Anrufer ohne echtes Kaufinteresse möglichst frühzeitig zu erkennen und auszusortieren. Keinesfalls darf man sich auf ein langes Telefonat einlassen und schon gar nicht am Ende des Gesprächs gleich eine feste Zusage für einen Besichtigungstermin machen.

Das Gespräch führen

Wichtigste Regel für das Verhandeln am Telefon: Nicht in die passive Rolle drängen lassen! Passiv ist immer derjenige, der nur auf Fragen seines Gesprächspartners antwortet. Glücklicherweise lässt sich diese Gefahr dadurch entschärfen, dass meist nicht der Makler selbst, sondern erst einmal die Assistenz das Gespräch entgegennimmt. Somit fällt schon einmal der Überraschungseffekt weg, der entstehen würde, wenn der Hauptverhandlungspartner unmittelbar am Hörer wäre. Die Assistenz kann zum Makler durchstellen und gibt ihm zumindest einige Augenblicke Zeit, um sich mental auf das bevorstehende Gespräch einzustellen und es gleich aktiv anzugehen. Alternativ kann sie auch einen Rückruf vereinbaren, was die Situation vollkommen neu ausrichtet. Schließlich ist in diesem Fall der Makler der Anrufende und kann vom ersten Wort an die aktive Gesprächsführung übernehmen.
Ist dagegen der Makler direkt am Telefon, empfiehlt sich das Angebot eines Rückrufs. So erhält er die relevanten Kontaktdaten und kann sich in Ruhe den richtigen Zeitpunkt aussuchen, um optimal vorbereitet mit dem Interessenten zu reden. Darüber hinaus vermeidet das den Eindruck: „Der hat wohl nichts zu tun, wenn er sofort gesprächsbereit ist."

Problematisch an der Telefonsituation in der Immobilienvermarktung ist die Tatsache, dass der Anrufer nur das über die Immobilie weiß, was ihm auf einem der Marketingkanäle zugetragen wurde, der Makler aber die Hintergründe kennt. Logisch wäre es also, dass der Interessent fragt und der Makler antwortet. Genau das gilt es aber zu vermeiden. Denn in Wirklichkeit muss auch der Makler viele Informationen sammeln. Schließlich muss er einschätzen können, ob es tatsächlich die geeignete Immobilie für den Anrufer ist. Außerdem würde er mit dem Beantworten von Fragen zum Verkaufsobjekt dem Kunden exakt das zugestehen, was der Makler selbst zuvor bei der Akquise strikt abgelehnt hat, nämlich die Fähigkeit zur Ferndiagnose.

Eine gute Lösung ist es, den Anrufer erst einmal fragen zu lassen und darauf dann doch zu antworten, weil eine komplette Verweigerung der Antwort kein guter und für das Gespräch förderlicher Stil wäre. Die Antwort gilt es aber kurz zu halten, sie gleich mit einer

Gegenfrage zu verbinden und so die Gesprächsführung und Einschätzung des Gesprächspartners durch den Makler einzuleiten.

Echte Interessenten erkennen

Anrufer, deren Kaufinteresse nur mäßig ausgeprägt ist, wird man am besten mit einem kleinen Kunstgriff los. Das lässt sich bewerkstelligen, indem im ersten Telefongespräch möglichst oft das Wort „kaufen" auftaucht. Genau das will ein „unechter Interessent" nicht – sei es, weil er einfach nur mal schauen möchte, wie die Nachbarn so wohnen, sei es, weil der im Grunde bestehende Kaufwunsch noch nicht konkret genug und nur ein Gedankenspiel ist, oder sei es, weil er aufgrund zu vieler bereits gesehener Objekte und Optionen einfach nicht mehr entscheidungsfähig ist. Das Wort „kaufen" ist für ihn in jedem Fall ein negativ besetztes Reizwort.

Ein Makler, der gleich klarmacht, dass er am Verkauf interessiert und dies letztlich sein Auftrag ist, erweckt bei solchen Anrufern die Angst, auf eine Investition festgelegt zu werden, die sie eigentlich nicht tätigen wollen. In den meisten Fällen werden sie dadurch so verunsichert, dass sie am Ende heilfroh sind, wenn sie ohne Besichtigungstermin aus dem Telefonat entlassen werden. Mitunter werden solche Kandidaten auch unfreundlich. Das mag dann kein entspanntes Gespräch mehr sein, aber immerhin weiß der Makler: Mit diesem Anrufer ist ein Abschluss ohnehin unwahrscheinlich. Echte Interessenten haben sich dagegen intensiv mit dem möglichen Immobilienkauf auseinandergesetzt und schrecken vor dem Wort „kaufen" kaum zurück.

Vorauswahl spart Zeit

Kein Ausschlusskriterium ist dagegen die Erkenntnis, dass der Anrufer zwar ein ernstes Interesse hat, die aktuell ausgeschriebene Immobilie aber aus finanziellen oder anderen Gründen nicht für ihn infrage kommt. Wenn der Makler ein anderes passendes Stück in seinem Portfolio hat, ist ein solcher Kunde ebenfalls wertvoll. Ihn gilt es zu halten und beim folgenden Gespräch (siehe Kapitel 2.2.3) auf die vermutlich viel besser zu ihm passende Immobilie aufmerksam zu machen.

Diese Auswahlstrategie spart vor allem dem Makler Zeit. Denn wenn man schon eine Besichtigung organisiert, sollte klar sein, dass man sie nur mit echten Interessenten unternimmt. Alles andere verschwendet Zeit sowie Arbeitskraft und erzeugt durch eine hohe Absagequote Frustration und Zweifel an den eigenen Fähigkeiten. Eine intensive Vorauswahl der Interessenten ist nicht zuletzt auch im Sinne des Immobilienbesitzers und Auftraggebers. Von einem Profimakler kann er erwarten, dass dieser nicht mit jedem durch das Verkaufsobjekt läuft, sondern nur mit im Vorfeld geprüften, aussichtsreichen Bewerbern.
Exakt das war ja gegenüber dem Verkäufer das Hauptargument, warum er einen Makler engagieren und mit ihm eine Provision vereinbaren sollte (siehe Kapitel 2.1.3). Jetzt muss der Makler beweisen, dass er dieses Vertrauen und dieses Geld wert ist, indem er

nur diejenigen Kaufinteressenten in die nähere Auswahl nimmt, die er aufgrund seiner fachlichen Bewertung als geeignet für einen erfolgreichen Abschluss ansieht. Unterlässt er diese Interessenten-Qualitätskontrolle, dann begeht er streng genommen Vertragsbruch im Sinne einer Verletzung seiner Sorgfaltspflicht. Nicht wissen, wer anruft, nicht wissen, ob tatsächliches Interesse besteht, nicht wissen, ob er bezahlen kann: Das kann der Immobilienbesitzer auch selbst als Privatverkäufer.

Verfestigt sich am Telefon der Eindruck, dass sich ein ernsthafter Kaufinteressent in der Leitung befindet, ist in der zweiten Phase des Gesprächs wieder die sanfte, aber zielgerichtete Führung durch den Immobilienverkäufer gefragt. Es gilt, das Thema vom eigentlichen Verkaufsobjekt abzuwenden. Verständlicherweise möchte der Interessent bereits am Telefon möglichst viel über das Haus, die Wohnung oder das Grundstück erfahren. Genau das führt jedoch in die Irre. Schließlich ist nicht einmal der Makler selbst mit all seinem Fachwissen in der Lage, eine Ferndiagnose zu stellen (siehe Kapitel 2.1.1). Wie sollte das dann der Immobilienlaie am Telefon können?

Der erste Finanzcheck

Außerdem ist die Arbeit erst zur Hälfte erledigt, wenn ein Anrufer als echter Kaufinteressent identifiziert ist. Der Makler muss schließlich auch wissen, ob neben dem Willen zum Kauf auch die Fähigkeit zur Finanzierung besteht. Natürlich ist es heikel, einen fremden Menschen am Telefon zu seinem Kassenstand und seinen Finanzierungsplänen auszufragen. Auf diesem direkten Weg wird man kaum Auskünfte bekommen. Außerdem ist der detaillierte Finanzplan erst im Kennenlerngespräch eine entscheidende Größe. Einige Indizien lassen sich aber bereits am Telefon sammeln:

- Wie lange sucht der Anrufer bereits nach einer Immobilie? Wer schon eine gewisse Zeit am Markt aktiv ist, hat einige Erfahrungen gesammelt und sich üblicherweise intensiv Gedanken über eine Finanzierungsstrategie gemacht und vielleicht bereits mit seiner Bank gesprochen. Er ist also vermutlich schnell handlungsfähig.

- Welche Schritte hat der Kaufinteressent bereits unternommen, um eine Immobilie zu finden, und wie viele Objekte hat er sich schon angeschaut? Kommt dabei eine besonders hohe Zahl zum Vorschein, sollte man als Makler zumindest aufmerksam werden. Aus irgendwelchen Gründen tut sich der Gesprächspartner offenbar schwer mit der Kaufentscheidung. Das kann finanzielle Ursachen haben. Häufig handelt es sich jedoch schlicht um jemanden, der nicht verstanden hat, dass es die absolute Wunschimmobilie kaum jemals gibt, sondern dass immer Zugeständnisse nötig sind. Das bedeutet nicht, dass ein Abschluss mit diesem Kunden unmöglich ist, aber vermutlich ist hier eine intensive Betreuung durch den Makler notwendig. Es kann allerdings auch sein, dass es sich um einen notorisch entscheidungsunfähigen Menschen handelt. Damit ist er kein aussichtsreicher Käufer mehr.

- Welchen Zeitrahmen hat sich der Käufer gesteckt, und was genau bedeutet das? Besonders interessant sind Kaufwillige, die zügig zu einer Immobilie kommen wollen. Sie steigern die Aussicht auf eine hohe Umsatzfrequenz beim Makler. Außerdem sind sie eher bereit, Zugeständnisse zu machen, wenn dadurch ein schneller Abschluss erreichbar ist. Hat der Anrufer dagegen länger Zeit für die Immobilienanschaffung, sollte geklärt werden, ob er flexibel ist, also bei einem passenden Angebot auch schon früher kaufen würde. Oder ist er tatsächlich erst zum Ende der Zeitspanne überhaupt kauffähig, beispielsweise wegen eines erst dann zuteilungsreifen Bausparvertrags? Dann fällt er nicht ganz durch das Raster und sollte in jedem Fall in die Kaufinteressentendatei aufgenommen werden. Die weitere Vermarktung des aktuell zu verkaufenden Objekts wird sich aber auf andere, sofort handlungsfähige Kaufwillige konzentrieren.

- Sind die finanziellen Dinge geklärt? Diese sehr direkte Frage sollte erst zum Ende des Gesprächs hin gestellt werden, wenn im Idealfall eine gewisse Sympathie aufgebaut wurde und bislang der Eindruck besteht, dass es sich um einen echten und zu dieser Immobilie passenden Kaufinteressenten handelt. Dann darf auch ein angenäherter Betrag für das besprochene Objekt genannt werden. Das kann zur Folge haben, dass das Gespräch schnell beendet ist, wenn finanzielle Fähigkeiten und angemessener Preis deutlich auseinandergehen. Das muss aber nicht sein. Möglicherweise gibt es im Portfolio des Maklers ja ein anderes Objekt, das besser in den finanziellen Rahmen passt. Vielleicht hat der Interessent auch einfach noch nicht mit seiner Bank gesprochen. Dann kann das Telefonat den Anstoß geben, diese wichtige Beratung nachzuholen. Wenn es danach zu einem zweiten Gespräch mit diesem Interessenten kommt, hat man es hoffentlich mit jemandem zu tun, der genau weiß, was er sich leisten kann. Das erleichtert die Maklerarbeit ungemein und verringert die Frustration für den Käufer, der dann nicht reihenweise Immobilien anschaut, die für ihn finanziell unerschwinglich sind.

Diesen Fragenkatalog gilt es, wie schon beim Verkaufsinteressenten, in eine entspannte Gesprächsatmosphäre zu kleiden und nicht zum Verhör werden zu lassen. Sind alle Fragen geklärt und die Stichpunkte notiert, steht als nächster Punkt noch nicht der Besichtigungstermin, sondern das äußerst wichtige Kennenlerngespräch an.

Im ersten Telefonat mit Interessenten gilt es, möglichst wenige Details über die Immobilie zu verraten, aber möglichst viele Informationen über den potenziellen Käufer zu sammeln.

Wichtig sind vor allem erste Anhaltspunkte zur finanziellen Leistungsfähigkeit.

Das Reizwort „kaufen" hilft beim Aussortieren von Immobilien-touristen.
Wer aufgrund von Finanzlage oder Bedürfnissen nicht zum Objekt passt, ist vielleicht für ein Alternativangebot empfänglich.
Niemals eine Besichtigung sofort vereinbaren, sondern zuerst ein Kennenlerngespräch führen.
Direkt angesetzte Besichtigungen können zur Verletzung der Sorgfaltspflicht führen und in der Folge einen Vertragsbruch darstellen.

2.2.3 Vom Wunsch zur Wirklichkeit: Das Kennenlerngespräch

Auch Kaufinteressenten, die am Telefon ernsthaft und aussichtsvoll scheinen oder eher für ein alternatives Objekt infrage kommen, sollte man nicht gleich auf die Immobilie „loslassen". Vor der Besichtigung steht vielmehr ein erster persönlicher Gesprächstermin zum Kennenlernen und zur Analyse im Maklerbüro. Das gebietet die Sorgfaltspflicht des Maklers gegenüber dem Immobilienverkäufer und damit auch gegenüber der eigenen Reputation (siehe Kapitel 1.3). Aber es besteht auch eine Verantwortung gegenüber dem Käufer: Wird dieser wegen einer nicht ausreichenden Überprüfung seines Anforderungsprofils und seiner finanziellen Möglichkeiten mit einer Immobilie in Kontakt gebracht, die für ihn überhaupt nicht passend oder nicht finanzierbar ist, dann entsteht Enttäuschung, weil sich die mögliche Wunschimmobilie in den weiteren Verhandlungen als nicht zu verwirklichen darstellt. Eine weitere Vermittlung von Objekten wird erheblich erschwert, weil sie diesem Käufer gegenüber seinem Wunschhaus nur noch als zweite Wahl erscheinen. Damit wird die Traumimmobilie zum zerplatzten Traum oder gar zum Albtraum.

Bei aller Verbindlichkeit lassen sich am Telefon diese und einige weitere Aspekte des geplanten Geschäfts nur bedingt vorbereiten, und auch ein Vertrauensverhältnis kann kaum aufgebaut werden. Das liegt nicht zuletzt daran, dass Menschen am Telefon immer eine gewisse Distanz einnehmen, sich schnell abgrenzen oder sich weniger tief auf ein Gespräch einlassen. Diese Schwierigkeiten treten besonders dann auf, wenn man es mit Kunden zu tun hat, die sich nicht wegen eines bestimmten beworbenen Objekts melden, sondern allgemeine Unterstützung bei der Immobiliensuche wünschen. Mit ihnen drei oder vier Besichtigungen absolvieren und sich erst nach einem wiederholten Nein zu den eigentlichen Bedürfnissen vortasten, das hieße, das Pferd von hinten aufzuzäumen.

Nicht vorschnell besichtigen

Bei der Besichtigung lassen sich viele Dinge nicht mehr besprechen. In einer für ihn vollkommen fremden Umgebung ist der Kunde verständlicherweise abgelenkt und für viele wichtige Themen nicht mehr empfänglich. Sollte er sogar gleich am Anfang zu dem Schluss kommen, dass die Immobilie nichts für ihn ist, hat man es – noch schlimmer – mit jemandem zu tun, der überhaupt nicht mehr an irgendwelchen Argumenten interessiert ist und einfach nur noch nach Hause will. Ihn dann noch einmal zu einem Gespräch an den Tisch zu bringen, ist nicht so einfach.
Außerdem besteht die Möglichkeit, dass es sich um einen ernsthaften Kaufinteressenten handelt, aber die ausgeschriebene Immobilie nicht seinen Vorstellungen entspricht. Solche Kunden sollten sich nicht zu früh an dieses bestimmte Objekt binden. Vielmehr eröffnet das Kennenlerngespräch die Chance, sie geschickt zu möglicherweise besser passenden Alternativangeboten des Maklers zu lenken. Vielleicht entschließen sich solche Gesprächspartner auch einen Suchauftrag abzugeben, sodass der Makler sie als dauerhafte Kunden gewinnt und erfährt, was er zukünftig für diese Interessenten suchen muss.

Small Talk und harte Fakten

Ein erstes Gespräch in einer neutralen Umgebung bietet eine viel bessere Grundlage als bei der Besichtigung. Dieser Schritt schafft zunächst eine persönliche menschliche Ebene, die sämtliche weitere Verhandlungen prägen wird. Darüber hinaus gilt es, auch einige harte Fakten näher zu beleuchten, in erster Linie den persönlichen Bedarf und den finanziellen Rahmen. Es ist gar nicht so einfach, diesen Bedarf gegenüber den natürlich ebenfalls vorhandenen Wünschen klar herauszuarbeiten. Oft ist die Diskrepanz zwischen Wunsch, Bedarf und finanzieller Leistungsfähigkeit auch für die Interessenten selbst nicht deutlich. Hier ist der Makler gefragt. Es gilt, nicht nur die eigenen Chancen auf einen erfolgreichen Abschluss zu erhöhen. Der Makler steht vielmehr in der moralischen Pflicht, seine Kunden bei einer erheblichen Investition verantwortungsvoll zu begleiten, an der in vielen Fällen die Existenz einer ganzen Familie hängt.
Zur Beratung gehört auch, notfalls deutlich zu machen, dass bestimmte Vorstellungen an den tatsächlichen Bedürfnissen vorbeigehen und dass bestimmte Ideen den finanziellen Rahmen übersteigen. Dabei ist es entscheidend, den Kaufinteressenten nicht vor den Kopf zu stoßen. Im Idealfall hat der Makler ein abweichendes Angebot, das ideal zum jeweiligen Gegenüber passt und das er nach einer ausreichenden Analyse des Kennenlerngesprächs unterbreiten kann.
Ein guter Einstieg ist ein Gespräch über die bisherigen Suchbemühungen. In diesem Bericht des Immobilieninteressenten wird oft schon klar, woran ein Abschluss bislang gescheitert ist und worauf bei der weiteren Beratung besonders geachtet werden muss. Vielleicht tritt dabei sogar eine privat vermittelte Immobilie zutage, die für diesen Kunden uninteressant war, aber für einen anderen aus der Datei des Maklers genau richtig sein könnte.

Wer braucht was?

Der Klassiker beim falsch eingeschätzten Bedarf ist die Zimmeranzahl. Bei Altimmobilien unterschätzen potenzielle Käufer oft den Renovierungsbedarf und überschätzen ihre eigenen handwerklichen Fähigkeiten. Einige Aspekte werden manchmal auch vollkommen ausgeblendet, beispielsweise Geräuschkulisse, Ausrichtung im Gelände oder Verkehrsanbindung, selbst wenn sie zuvor am Telefon oder im Exposé klar aufgeführt worden sind. Die Vorstellung bleibt meist nur abstrakt. Oft genug passiert es in der Praxis, dass es am oder im Haus heißt: „Oh, der Zug ist aber laut", obwohl der Bahnlärm zuvor angeblich kein K.o.-Kriterium war.

Auch diese Fragen sollten im Kennenlerngespräch aufgearbeitet werden. Das ist überhaupt erst im persönlichen Dialog nachhaltig möglich. Handelt es sich um einen Selbstständigen, der ein ruhiges Arbeitszimmer benötigt? Muss die Familie beim Einzug in eine abgelegene Wohnung ein zweites Auto anschaffen? Welche Freizeitangebote, Schulen oder Betreuungseinrichtungen sollten in welcher Entfernung erreichbar sein? Welche Erneuerungsarbeiten sind selbst, mit Verwandten und Freunden machbar und wie viel

Geld darf für Handwerkerleistungen eingeplant werden? Dieses genaue Eingehen auf die individuellen Bedürfnisse trägt nicht zuletzt zur Kundenbindung bei. Ein Immobilieninteressent, der sich als Person ernst genommen fühlt und merkt, dass der Makler seine Bedürfnisse klar in den Vordergrund stellt, wird nicht so leicht zu einem anderen Immobilienfachmann wechseln.

Leidenschaftslose Finanzanalyse

Treten beim Kennenlerngespräch keine unüberwindlichen Hindernisse zutage, wird es Zeit, über das Geld zu reden. In der Praxis wird deutlich, dass es darüber häufig vollkommen falsche Vorstellungen gibt. Wenn eine Familie seit Jahren 800 Euro Miete im Monat zahlt, heißt das noch lange nicht, dass eine Bank für diese Leistung auch die Baufinanzierung des gewünschten Vorhabens übernimmt. Dann gilt es, entweder weitere Finanzquellen zu erschließen, die Wünsche zurückzuschrauben oder von der Verwirklichung Abstand zu nehmen. Auch über den sinnvollen Eigenkapitalanteil haben Banken oft andere Vorstellungen als Bau- oder Kaufwillige. Das gilt für Kandidaten mit hohem Einkommen, aber gering ausgeprägtem Sparverhalten sogar häufiger als für Menschen mit geringem Familieneinkommen, aber hoher Spardisziplin. Das Phänomen ist gar nicht so selten, wie man meinen sollte: Je mehr jemand verdient, desto geringer ist das Eigenkapital. Insbesondere Banken schrecken dann schnell vor einer Finanzierung zurück. Ihr Argument: „Wenn der Kunde bei einem so hohen Einkommen freiwillig nur so wenig zur Seite gelegt hat, wie will er dann eine Immobilie finanzieren, wenn er es muss?"

Hier ist der Makler gefragt, sich selbst nicht vom Auftreten in Maßanzug und mit Sportwagen blenden zu lassen, sondern allein die harten Finanzierungsfakten sprechen zu lassen. Stimmen die Zahlen nicht, ist Fingerspitzengefühl gefragt, um beim Kaufwilligen freundlich, aber bestimmt einen Bezug zur Realität herzustellen. Auf der anderen Seite gibt es auch diejenigen, die ihre Möglichkeiten unterschätzen und erst im Gespräch mit dem Makler erfahren, dass mehr möglich ist als gedacht. In diesem Fall kann erneut das Netzwerk sinnvoll eingesetzt werden (siehe Kapitel 1.1): Ein als vertrauenswürdig bekannter Anlageberater kann eventuell fertige Finanzierungskonzepte von Kaufwilligen kritisch durchleuchten oder sinnvolle Alternativen aufzeigen.

Manchmal besser als die Bank

Tritt der Immobilieninteressent als allgemein Suchender an den Makler heran und hat er es nicht auf ein konkretes Objekt abgesehen, kann natürlich keine Detailplanung aufgestellt werden. Das geht ohnehin erst, wenn die betreffende Immobilie feststeht. Sehr wohl kann und muss vorab aber der grobe Preisrahmen und das bautechnische Format festgelegt werden, in denen sich die Immobilie bewegen darf.
Selbst wenn sich der Kunde intensiv mit der Finanzierung befasst und mit seiner Bank verhandelt hat, bedeutet das noch lange nicht, dass er über ein fundiertes Konzept verfügt. Der Makler steht in der Verantwortung, mit unabhängigem Fachwissen nicht nur beim Wohnobjekt, sondern auch bei der Finanzierung zu helfen. So lassen viele Ban-

ken in ihrer Beratung die kostengünstigen staatlichen Finanzhilfen außen vor, für die sie keine oder nur wenig Provision bekommen: beispielsweise KfW-Kredite, kommunale oder regionale Sanierungszuschüsse. Hier ist der Makler gefordert, auf diese Möglichkeit zumindest hinzuweisen, damit der Kunde mit seiner Bank nachverhandeln kann. Auch spezielle Landes- oder Kommunalprogramme, beispielsweise zum ökologischen oder zum seniorengerechten Sanieren, fallen in der Bankberatung häufig unter den Tisch.

Ohne Zugeständnis geht nichts

Sind persönlicher Bedarf und finanzielle Tragfähigkeit im Kennenlerngespräch besprochen, folgt die entscheidende Frage, um Kunde und Objekt zusammenzubringen: Welche Zugeständnisse sind zumutbar? Immobilien sind – wie Menschen – Unikate mit Ecken und Kanten, mit Stärken und mit Schwächen. Deshalb findet kaum jemand das perfekte Haus, an dem absolut nichts auszusetzen und das auch noch finanzierbar ist.
Es ist wie im echten Leben: Der Traummann oder die Traumfrau, die man sich in der Teeniezeit erträumt hat, taucht vermutlich nie auf. Mit zunehmender Lebenserfahrung wird klar, dass der beste Partner derjenige ist, mit dessen Macken man am ehesten leben kann. Falls der potenzielle Immobilienkäufer dies im Hinblick auf Haus, Grundstück oder Wohnung noch nicht selbst verstanden hat, muss der Makler diesen Erkenntnisprozess im Kennenlerngespräch zumindest anstoßen. Preis, Lage oder die Immobilie selbst: In mindestens einem dieser Punkte werden sich Zugeständnisse kaum vermeiden lassen.

Die Vorbereitung auf diesen Kompromiss gelingt oft viel besser im Kennenlerngespräch als bei der Besichtigung einer Topimmobilie, die sich dann aber als nicht finanzierbar erweist. Der Kunde wird zwar irgendwann einsehen, dass dieses Haus nichts für ihn ist, aber man macht es sich für alle folgenden Besichtigungen umso schwerer, weil der Kaufwillige stets den Vergleich mit dem eigentlich gewünschten Objekt anstellen und vermutlich enttäuscht sein wird, wenn er durch die dauernde Suche nach Unerfüllbarem nicht sogar schon entscheidungsunfähig geworden ist.

Das Ergebnis: Maßgeschneiderte Beratung

Neben dieser psychologischen Arbeit am Kunden sollte der Makler am Ende des Kennenlerngesprächs auch einschätzen können, wo genau beim Gegenüber der Toleranzbereich für Einschränkungen liegt: Darf es doch ein Zimmer weniger sein? Wird eine zusätzliche Viertelstunde Fahrtzeit zur Arbeit oder ins Stadtzentrum in Kauf genommen? Darf der Altbau etwas renovierungsbedürftiger sein, weil handwerklich begabte Verwandte eingespannt werden können?
Mit diesem „Zugeständnisprofil" sowie den übrigen Eindrücken und Notizen aus dem Kennenlerngespräch hat der Makler viele wichtige Informationen für das zielgerichtete Präsentieren von Immobilien an der Hand. Daraus entwickelt sich das individuelle Vorgehen bei der folgenden Besichtigung eines bestimmten Hauses oder das Suchraster zum Abgleich der vorhandenen Objekte und die Marktausrichtung der eigenen Akquise, insbesondere der Input in das Zuträgernetzwerk (siehe Kapitel 1.1).

Das intensive Kennenlerngespräch mag in vielen Fällen der längste Part der gesamten Immobilienvermarktung sein. Es ist aber Arbeit und Zeit, die sich doppelt und dreifach lohnt: Auch die letzten Immobilientouristen fallen nun durch das Raster. Diejenigen, die bereits am Telefon als solche erkannt wurden, nehmen ja in dieser Phase schon keine Zeit mehr in Anspruch, sodass nur mit der überschaubaren Gruppe der vermutlich ernsthaften Kunden Gespräche geführt werden. Durch das zielgerichtete Vorgehen sinkt die Zahl der nötigen Besichtigungen pro Interessent und pro vorhandener Immobilie. Die Umsatzgeschwindigkeit steigt. Intensive Vorbereitung lohnt sich! Eine alte Vertriebsweisheit sagt: Erfolgreicher Vertrieb ist letztlich eine Frage von Zahlen, und seien es die Zahlen der geführten Kennenlerngespräche.

Keine überstürzten Angebote

Selbst wenn der Makler schon im Verlauf der Unterredung die für diesen Kunden ideal geeignete Immobilie aus seinem Bestand vor seinem geistigen Auge sieht, sollte er sie dem Kunden tunlichst nicht gleich im Anschluss präsentieren. Erstens würde es sich dabei nach dem intensiven Informationsaustausch um weiteren Input handeln, der die Situation überfrachtet. Zweitens schwächt ein solches Vorgehen die Glaubwürdigkeit des Maklers. Schließlich vertraut der Interessent, und übrigens auch der Verkäufer, darauf, dass der Immobilienexperte individuelle Anforderungen und die Gegebenheiten der Immobilie minutiös gegeneinander abwägt und intensiv die optimale Lösung sucht. Würde das sofort nach einem längeren Dialog glaubwürdig erscheinen? Drittens schadet es auch bei einem guten Gedächtnis und viel Menschen- sowie Immobilienkenntnis nicht, die Ergebnisse des Kennenlerngesprächs geordnet aufzulisten und mit den ebenfalls schriftlich vorliegenden Profilen der Immobilien zu vergleichen.

Die Kunden erwarten, dass der Makler diese intensive Analyse betreibt, und benötigen auch selbst etwas Rückzugszeit, um wieder aufnahmefähig für neue Informationen zu werden, die zur Besichtigung hinführen. Diese Zeit sollten Immobilienfachleute ihnen und sich selbst gewähren.

Immer wieder heißt es, ein Kennenlerngespräch könne nicht stattfinden, beispielsweise weil die Interessenten eine besonders weite Anreise haben, die sie nur für die tatsächliche Besichtigung auf sich nehmen wollen. Dann ist es eine hohe Kunst, das Kennenlerngespräch parallel zur Besichtigung nachzuholen. Allerdings wird nur in den seltensten Fällen ungesehen gekauft, sodass sich ein Kennenlerngespräch oft zumindest der Besichtigung vorschalten lässt.

Meist haben gerade diese Interessenten jedoch mehrere Besichtigungstermine hintereinander, sodass sich der Kreis zum Thema „Aufmerksamkeit“ wieder schließt. In erster Linie existieren die angeblichen Hindernisse für die Organisation eines Kennenlerngesprächs im Kopf des Maklers. Für einen Interessenten von weit her ist das Gespräch sehr wichtig, da ihm durch eine intensive Analyse und in der Folge eine gezielte Vorauswertung mehrere weite Anreisen erspart bleiben.

Stolperstein Geldwäschegesetz

Neuerdings gibt es eine weitere rechtliche Dimension, die den Erstkontakt und das Kennenlerngespräch verkompliziert: das Geldwäschegesetz. Seitdem Deutschland 2010 von internationalen Organisationen wegen zu lascher Geldwäschekontrollen gerügt wurde, sind Makler verstärkt in den Fokus staatlicher Finanzfahnder gerückt. Dabei geht es weniger um Geldwäscheverdacht gegen die Makler selbst, sondern um die Frage, ob sie genug tun, um mögliche Geldwäsche durch ihre Kunden zu verhindern. Bisher war ein Makler nur zur Meldung verpflichtet, wenn er den Verdacht hatte, dass Geldwäsche bei einem Immobiliengeschäft im Spiel war. Doch das reicht den Behörden nicht mehr aus. In der Praxis heißt das unter anderem, dass Kunden neuerdings schon beim Kennenlerngespräch eindeutig identifizierbar gemacht werden müssen. Damit ist nicht das selbstverständlich nötige Festhalten der Kontaktdaten zur weiteren Betreuung gemeint, sondern tatsächlich Kopien der Personalausweise der Kunden, die zu den Akten genommen werden.

Spätestens beim Abschluss des Geschäfts muss auch schriftlich vermerkt werden, aus welchen Gründen der Kauf- oder Mietvertrag abgeschlossen wurde. Das gilt selbst für langjährige Kunden und soll auch auf Wohnungsmietverträge ausgeweitet werden, bei denen nur geringe Summen fließen. Diese umfassende Kontrollpflicht belastet die Gesprächsatmosphäre. Schließlich ist es kein angenehmer Auftakt für das erste persönliche Kennenlernen, wenn Immobilieninteressenten oder auch Verkaufskunden zuerst einmal ihre Personalausweise vorzeigen und kopieren lassen müssen. Zudem wäre dies das Ende von telefonisch kurzfristig vereinbarten Spontanbesichtigungen, bei denen die formelle und aktenkundig dokumentierte Identifikation nahezu unmöglich ist. Und was geschieht, wenn der Kunde seinen Ausweis vergessen hat?
Von diesen neuen Stolpersteinen und den zum Teil unangekündigten Kontrollen der staatlichen Finanzverwaltung sollte sich jedoch kein Makler einschüchtern lassen. Derzeit bemühen sich die Branchenverbände, praxistaugliche Regelungen zu vereinbaren. Die bisher immer engere, realitätsferne Handhabung hat klar bewiesen: Offenbar haben die „Erfinder" der neuerdings üblichen Herangehensweise keine Ahnung vom Maklergeschäft. Sollte es beim derzeitigen Verhalten der Behörden bleiben, sind Klagen von Verbänden und auch einzelnen Maklern vor den Verwaltungsgerichten zu erwarten. Schließlich widerspricht das Vorgehen, das die Finanzverwaltung durchsetzen möchte, einigen anderen gesetzlichen Regelungen. In jedem Fall sollten Makler die weitere Entwicklung rund um das Geldwäschegesetz genau beobachten.

Im Kennenlerngespräch lotet der Makler Wunsch, Bedarf und finanzielle Leistungsfähigkeit des Kaufinteressenten aus.

Häufig muss das Gegenüber auf Einschränkungen seiner Wünsche vorbereitet werden. Der Makler muss mit ihm gemeinsam erarbeiten, wo diese Abstriche am einfachsten zu verkraften sind.

Besonders exakt muss sich der Makler ein Bild der finanziellen Möglichkeiten seines Gegenübers verschaffen.

Wenn sich die Immobilie, wie der Kaufinteressent sie sich vorstellt, nicht verwirklichen lässt, Alternativangebote machen!

Am Ende nicht sofort Objektvorschläge machen, sondern auf beiden Seiten etwas Verarbeitungszeit lassen!

Keine Ausreden: Ein Kennenlerngespräch ist immer möglich! Angebliche Hindernisse existieren meist nur in den Köpfen der Makler.

2.2.4 Die Immobilie von ihrer besten Seite

Die wichtigste Voraussetzung für eine erfolgreiche Besichtigung ist ein gründliches Kennenlerngespräch (siehe Kapitel 2.2.3). Es erhöht die Chance, eine passende Immobilie auszusuchen, und steigert dadurch die Erfolgschance der Besichtigung. Zwischen dem Kennenlerngespräch und der Besichtigung sollten immer mindestens zwei Tage liegen, selbst wenn der geschulte Maklerblick bereits im Gespräch eine perfekte Immobilie ausgemacht hat. Schließlich erwartet der Interessent, dass man ihn als Individuum ernst nimmt und seine Wünsche gründlich analysiert. Auch bei weit anreisenden Interessenten ist ein Kennenlerngespräch unabdingbar. Gerade dann spart es am Ende Zeit, weil Anreisen zur Besichtigung von Objekten entfallen, die nicht zum Kaufinteressenten passen.
Die Erfolgschancen lassen sich aber nicht nur durch das gründlich Kennenlernen der Interessenten steigern. Auch die Immobilie selbst muss sorgfältig auf die Besichtigung vorbereitet werden. Selbst wenn es schwerfällt, müssen Makler den Bewohnern gegenüber, egal ob Mieter oder selbst nutzender Besitzer, Schwachstellen ansprechen: Voll gestopfte und überladene Wohnungen oder Häuser machen keinen guten Eindruck. Das wirkt sich in der Wahrnehmung potenzieller Käufer immer auch auf den Wert aus. Die Räume wirken niedriger und kleiner, als sie sind. Die Notwendigkeit und die Kosten einer Renovierung werden automatisch höher eingeschätzt. Das gilt ebenso für dunkle oder unterbeleuchtete Räumlichkeiten.
Diese unnötig wertbeeinflussenden Umstände im Gespräch während der Besichtigung zu neutralisieren oder zu entkräften, ist meist sehr schwierig. Daher gilt es, diese vermeidbaren Risiken im Voraus zu klären und auszuschalten.

Freiraum schaffen

Die wirkungsvollste Verbesserung lässt sich für geringe Kosten oder sogar in Eigenarbeit des Eigentümers umsetzen: Mehr Platz schaffen! Möbel, Bilder und Dekorationsgegenstände, die nach dem Verkauf der Immobilie ohnehin nicht weiter genutzt werden sollen, verschwinden am besten vor Beginn der Vermarktungsbemühungen, sodass sie schon auf den Exposé-Fotos nicht mehr auftauchen. Das gilt natürlich erst recht für die Dinge, die sich auf Dachböden, im Keller und in Nebengebäuden angesammelt haben. Wenn die Wohnung noch genutzt wird, sind dem Entrümpeln natürlich Grenzen gesetzt, aber zumindest eine gründliche Aufräumaktion sollte auch in diesem Fall möglich sein. Unter Umständen, beispielsweise bei ererbten Gebäuden, kann die Hilfe eines professionellen Entrümplers angebracht sein.
Selbstverständlich darf das Platzschaffen nicht übertrieben werden. Eine komplett leere, kahle Wohnung wirkt auf Interessenten ebenso wenig attraktiv wie eine voll gestellte „Höhle". Eine Couchgarnitur im ansonsten leeren Wohnzimmer, ein einfacher Tisch im Esszimmer, kleine, ansprechende Accessoires, eine einzelne Pflanze, Gardinen und ein kleiner Teppich helfen dabei, die Fantasie der Besichtigungsteilnehmer anzuregen. Die vorteilhafte und verkaufsfördernde Innengestaltung von Immobilien ist seit einigen Jahren zum Arbeitsfeld einer neu entstandenen Branche geworden. Unter dem Schlagwort „Home Staging" (Zuhause aufrüsten oder „aufhübschen") statten diese Dienstleister

vor allem leere Wohnungen mit Accessoires und Möbeln aus. Sie übernehmen kleinere Maler- und Dekorateurarbeiten oder auch die komplett erforderlichen Leistungen dieser Art. Dadurch sollen die Räume bei einer Besichtigung attraktiver erscheinen und die Kaufinteressenten dazu angeregt werden, sich die Wohnung oder das Haus als persönlichen Lebensraum vorzustellen. Nach Auffassung der Branche wird dadurch leichter der bestmögliche Verkaufspreis erzielt und die Vermarktung erheblich beschleunigt. Die Dienstleistungen reichen von der Hilfe beim Entrümpeln und vorteilhaften Anordnen der vorhandenen Einrichtung bis zur kompletten Dekoration eines Neubaus durch den „Home Stager", der dazu auch Möbel und Accessoires aus dem eigenen Fundus oder einer Kooperation mit Möbelhäusern mitbringen kann. Ob und in welchem Umfang man diese Fachleute hinzuzieht, hängt von der Marketingstrategie und der Kalkulation der Gesamtwerbungskosten im Einzelfall ab. Schließlich bietet die Home-Staging-Branche ihre Dienste nicht kostenlos an.

Dezent dekorieren

Bei der verbleibenden Dekoration greift man idealerweise zu gefälligen, den allgemeinen Trend treffenden, aber zur Immobilie passenden Stücken. Alles, was persönlich an die Vorbewohner erinnert, ist eine eher ungünstige Wahl. Familienfotos, ausgefallene Sammlerstücke oder Reiseandenken steigern das grundsätzliche Unbehagen, das ein Besichtigungsteilnehmer beim „Eindringen" in eine fremde Wohnumgebung empfindet.

Einige Grundregeln zur Dekoration für die Besichtigung:

- Wenige große Bilder wirken besser als viele kleine.
- Ruhige Pastellfarben sind grundsätzlich besser als schreiende Töne.
- Spiegel lassen Räume größer wirken, sollten aber nicht übertrieben eingesetzt werden.
- Die Eingangszone vor und hinter der Haustür verdient besondere Aufmerksamkeit.
- Wenn Möbel aus der Raummitte an die Wand gerückt werden, wirkt die Wohnfläche erheblich größer.
- Accessoires wie Gardinen, Fußmatten am Eingang oder Duschvorhänge im Bad sollten erneuert oder zumindest gründlich gereinigt werden.

Zwischen Entrümpelungs- und Dekorationsphase ist Großreinemachen angesagt – und noch etwas mehr als das. Tropfende Wasserhähne, verfärbte Silikonfugen im Bad, schlecht schließende Fenster: Solche Kleinigkeiten sollten in Ordnung gebracht werden. Besonderes Augenmerk verdienen alle beweglichen Teile. Wenn ein Interessent bei der Besichtigung einen klemmenden Rollladen entdeckt, mag das kein großer Mangel sein, es wirft aber ein schlechtes Licht auf den Gesamtzustand des Hauses. Auch Maler- und Tapezierarbeiten können angebracht sein. Selbstverständlich müssen diese Bemühungen im Rahmen bleiben. Bei einem beengten 50er-Jahre-Bau an einer stark befahrenen Straße ist es in der Tat fraglich, ob der erzielbare positive Marketingeffekt die Ausgaben für die Malerkolonne rechtfertigt. Bei einem in der Substanz soliden, geräumigen, aber

nur etwas verwohnten Haus sieht das schon ganz anders aus. Auf keinen Fall darf in der Besichtigungsvorbereitung die Grenze zum unredlichen Verdecken von Schwachstellen oder gar Mängeln der Immobilie überschritten werden. Solche Versuche fordern einen späteren Rechtsstreit geradezu heraus, der unter Umständen auch auf den Makler zurückfällt.
Home Staging wirkt verkaufsfördernd. So ist vielleicht ein wenig Zurückhaltung bei der Innengestaltung angebracht. Letztendlich wird jeder Käufer nach Erwerb die Räumlichkeiten nach eigenem Geschmack gestalten.

Den Garten nicht vergessen

Bei kompletten Häusern erstreckt sich das Attraktivitätssteigerungsprogramm auch auf den Garten. Dort besteht vor allem bei länger unbewohnten Objekten oder ererbten Immobilien oft erheblicher Handlungsbedarf. Zumindest sollten der Vorgarten und der Weg zur Haustür ansprechend gestaltet und frei von überhängenden Ästen sein. Weitere besonders wichtige Punkte der Außenanlage sind Terrassen, Balkone oder Sitzecken im Garten.
Unmittelbar vor der Besichtigung ist der „letzte Schliff" gefragt. Leer stehende Gebäude brauchen eine gründliche Lüftung. In bewohnten Objekten sollten einige Tage zuvor keine stark riechenden Speisen zubereitet werden. Unangenehme oder starke Gerüche führen dazu, dass Interessenten die Immobilie im wahrsten Sinne des Wortes „nicht riechen können" und sie eher ablehnen, statt sie offen auf sich wirken zu lassen. Kleine Accessoires wie brennende Kerzen, Kissen oder ein aufgeschlagenes Buch lassen vor allem das Wohnzimmer gleich erheblich wohnlicher erscheinen. Zudem muss vor jedem Besichtigungstermin noch einmal ein kritischer Rundgang erfolgen: Hat sich irgendwo eine Staubschicht gebildet? Haben vorherige Interessenten einen Fingerabdruck auf einer Fensterscheibe oder eine Fußspur im Flur hinterlassen? Zeigt ein bewohntes Objekt Benutzungsspuren in Bad oder Küche? Dieser letzte Check vor dem Besichtigungstermin ist eine klassische Aufgabe für den Makler oder auch für die Assistenz.

Geeigneter Treffpunkt für die Besichtigung

Wenn der Besichtigungstermin herangerückt ist, darf das Treffen mit dem Interessenten nach Möglichkeit nicht am Objekt selbst stattfinden, denn das würde die vorzeitige Bekanntgabe der genauen Adresse erzwingen. Problematisch wäre ein solches Vorgehen schon aus Gründen der Courtagesicherung. Darüber hinaus ist der Kunde vermutlich wie jeder andere Mensch neugierig und wird sich das Anwesen und seine Nachbarschaft schon vorab anschauen. Dabei besteht die Gefahr, dass er ohne sanfte Steuerung durch den Makler Eindrücke bekommt, die negativ im Gedächtnis bleiben. Das können die Nachbarn sein, die ausgerechnet an diesem Wochenende lautstark grillen, oder die ungepflegte Hecke, weil der Gärtner erst am Tag vor dem Besichtigungstermin vorbeikommt. Natürlich werden ernsthafte Kaufinteressenten nach der Besichtigung weitere Erkundigungen einziehen und die Nachbarschaft einer kritischen Bewertung unterziehen. Aber die Minuspunkte, die sich dann möglicherweise bezüglich der Immobilie anhäufen,

haben zumindest nicht das Gewicht eines ersten Eindrucks und werden von dem positiven Effekt der vorherigen Innenbesichtigung abgemildert. Im schlimmsten Fall kann ein schlechter erster Eindruck sogar dazu führen, dass der vereinbarte Besichtigungstermin in letzter Minute scheitert.
Besser eignet sich das Maklerbüro als Treffpunkt, oder man holt den Kunden bei ihm zu Hause ab. Wenn eine Assistenz als „Shuttleservice" zur Verfügung steht, lassen sich auf diese Weise sogar mehrere Besichtigungen hintereinander organisieren, zugleich bleibt aber das Gefühl der individuellen Betreuung bestehen. Ein vernünftig aufgestellter Zeitplan ist dafür jedoch eine zwingende Voraussetzung. Auf der anderen Seite kann das sogenannte Türklinkenprinzip, bei dem nicht übermäßig viel Leerlauf zwischen den einzelnen Terminen entsteht, auch ein förderliches Element der Verhandlungsführung sein: Wenn die nächsten Wohnungsinteressenten bereits warten oder mit der Assistenz schon mal den Garten in Augenschein nehmen, neigen Gesprächspartner in aller Regel nicht dazu, bereits in verfrühte Verhandlungen über den Preis abzudriften. Darüber hinaus steigert das Türklinkenprinzip auch den Eindruck, dass das Objekt begehrt ist, und erhöht damit die subjektive Einschätzung seines Wertes.

Überfüllte Immobilien wirken unattraktiv. Vor der Besichtigung gilt es deshalb vor allem, Platz zu schaffen.

Hell, freundlich, geräumig: Das ist die angestrebte Atmosphäre.

Zur Vorbereitung gehören auch die Ausbesserung kleinerer Schäden, Gebrauchsspuren und Schönheitsfehler sowie eine Durchforstung des Gartens.

Der Aufwand für Dekoration und Home Staging müssen immer im Verhältnis zum Immobilienwert stehen und dürfen keine echten Substanzmängel verschleiern.

Keinesfalls dem Interessenten die Adresse des Objekts zu früh bekannt geben! Was nutzt die vorangegangene Führung, wenn der Makler sie hier aus der Hand gibt?

2.2.5 Richtig besichtigt

Die Tür aufschließen und erklären, dass der Raum mit der Dusche das Bad ist: Das kann jeder, dafür muss man kein Profi im Immobiliengeschäft sein. Die Kunst einer gut geführten Besichtigung liegt vielmehr auf psychologischer Ebene. Der psychologische Kern der Besichtigung, noch vor der Neugier auf ein mögliches neues Heim, ist zunächst einmal das Unbehagen, in einen fremden Lebensraum einzudringen. Dieses Gefühl mag schwächer ausgeprägt sein, wenn es sich um eine leere Wohnung handelt. Besonders stark fällt es aus, wenn der Vorbewohner mit seiner gesamten Einrichtung noch dort ist.
Diese Situation gilt es zu überlagern, und zwar mit den ebenfalls vorhandenen inneren Bildern, die eine Idealvorstellung des eigenen Lebensraums zeigen. Erst wenn es dem potenziellen Käufer gelingt, diese Bilder auf die vorhandene Immobilie zu projizieren, kann die Besichtigung gelingen. Im Idealfall steht am Ende die Erkenntnis: „Ja, hier kann ich mir vorstellen zu leben."
Die vornehmlichste Aufgabe des Maklers bei der Besichtigung ist es, den Kunden beim Aufbau einer Beziehung zum zunächst fremden Objekt zu unterstützen – angesichts des knappen Zeitfensters wahrhaft keine kleine Herausforderung. Die falsche Strategie wäre es, ein ungeeignetes Objekt während der Besichtigung oder danach „gesundbeten" zu wollen. Ein Kunde, der nicht von einer gemeinsamen Zukunft mit der betreffenden Wohnumgebung überzeugt ist, wird sich auch vom größten Verkäufergeschick nicht überzeugen lassen, sondern sich irgendwann auf dem Weg zum Abschluss abwenden – und das möglicherweise im verärgerten Zustand.

Wichtig: Der Objekt- und Courtagenachweis

Bevor die Besichtigung in den Räumen beginnt, muss noch eine entscheidende Formalität abgehandelt werden: der Objekt- und Courtagenachweis. Dieses Dokument (Vorlage siehe Anhang) legt der Makler dem Kaufinteressenten sinnvollerweise immer vor Beginn der Besichtigung zur Unterschrift vor. Weigert sich der Verhandlungspartner, den Nachweis zu unterzeichnen, ist höchste Vorsicht geboten. Ausflüchten muss der Makler sofort entgegentreten. Das beste Argument ist die schlichte Wahrheit: Der Makler gibt dem Verkäufer mit dem Objekt- und Courtagenachweis die Auskunft, wem er die Immobilie angeboten hat und mit wem er auf Besichtigungstour war. Es dient also zunächst der Dokumentation, dass der Makler für sein Geld auch Leistung erbracht hat.

Mancher Interessent befürchtet, dass er sich mit seiner Unterschrift bereits zu irgendetwas verpflichtet. Dieser Angst tritt man am besten ebenfalls mit der Wahrheit entgegen: Der Objekt- und Courtagenachweis verpflichtet lediglich in dem Fall, wenn das Geschäft auch tatsächlich zustande kommt, zur Zahlung der Provision – und ganz ausdrücklich nur dann. Nicht zu unterschätzen ist auch der atmosphärische Effekt des Nachweises. Er vermittelt Professionalität und Seriosität. Mit der Unterschrift wird klar: Die Besichtigung ist kein Spaziergang durch eine Immobilie, sondern Teil eines ernsthaften Geschäfts. Zudem sind die gesammelten Objekt- und Courtagenachweise auch für spätere Verhandlungen oder Zwischenberichte mit dem oder an den Immobilienbesitzer wichtig. Schließlich beantworten sie sichtbar die Frage: „Was haben Sie für Ihre Provision überhaupt getan?" Wichtig ist, dass der Objekt- und Courtagenachweis unbedingt vor Beginn der Besichtigung unterschrieben wird. Noch immer ist es viel zu verbreitet, dass der Makler dieses entscheidende Dokument erst nach dem Ende der Besichtigung oder gar nicht vorlegt. Wenn man es dann aber mit einem übelwollenden Interessenten zu tun hat, der darauf spekuliert, am Makler vorbei mit dem Besitzer Geschäfte zu machen, hat der Makler schon verloren. Im Nachhinein besteht kein echtes Druckmittel, um die Unterschrift zu erzwingen. Vielmehr hat der Makler seine Leistung bereits erbracht, nämlich die Information über das Objekt per Besichtigung, und muss nun auf die Absicherung seines gerechten Lohns verzichten. Verweigert der potenzielle Kunde dagegen vor der Besichtigung die Unterschrift, bleibt immer noch die Möglichkeit, die Besichtigung im letzten Moment abzusagen. Das sollte der Makler in einer solchen Situation auch konsequent tun. Schließlich setzt er seine eigene Entlohnung aufs Spiel und würde außerdem das Eigentum seines Auftraggebers vollkommen ungeschützt einer fremden Person vorzeigen.

Mut zum Makel

Es bietet sich an, ebenfalls vor dem Beginn der Besichtigung zunächst die Schwachstellen der Immobilie anzusprechen, und zwar vor dem Betreten der Wohnung oder bereits auf dem Weg dorthin. Diese dürfen und sollen sogar überdeutlich hervorgehoben werden. Das Ziel ist eine positive Überraschung. Werden beispielsweise die deutlichen Dachschrägen oder der Renovierungsbedarf des Fußbodens bereits vor der Haustür benannt und sogar ein wenig übertrieben, wird sich der Kunde in aller Regel ein Worst-Case-Szenario ausmalen. Bekommt er dann die Realität zu Gesicht, stellt sich die positive Überraschung ein: „Das ist doch alles gar nicht so schlimm." Die Befürchtungen laufen ins Leere. Danach kann es in den schöneren Bereichen der Wohnung nur noch besser werden, und die positiven Emotionen haben Raum zum Wachsen. Nur so kann letztlich eine positive emotionale Entscheidungsebene entstehen.

Die Kunst der Steigerung

Dieses Vorgehen hat auch Auswirkungen auf die Wegeführung im Objekt. Dabei stehen die Schwachpunkte und weniger wohnlichen Räume grundsätzlich am Anfang. Ist der Kunde wegen eines Feuchtigkeitsproblems im Altbaukeller vorgewarnt, muss die Besichtigung natürlich im Keller beginnen. Dort kommt der Kunde zur Erkenntnis, dass ein paar Ausblühungen irgendwo in der Ecke doch nicht so bedenklich sind. Damit ist das Problem offen angesprochen und vermutlich vom Kunden auch akzeptiert. Nun besteht eine neutrale Ebene für die restliche Besichtigung.

Überhaupt ist es sinnvoll, bei Außenanlagen, beispielsweise in der Garage, oder im Keller zu starten. Dann kommt das Erdgeschoss mit Diele, Gäste WC, einer eventuellen separaten Küche und sonstigen Nebenräumen an die Reihe. Nach dem Wechsel ins Dachgeschoss spielt sich das Besichtigungsfinale schließlich im schönsten Raum der Wohnung ab, in der Regel im Wohnzimmer. Abhängig von der jeweiligen Immobilie kann auch ein anderer Raum das „Sahnehäubchen“ werden. Das ist vor allem dann der Fall, wenn sich schon im Kennenlerngespräch eine Loggia, ein Balkon, eine Dachterrasse oder ein Platz für ein bestimmtes Hobby als wichtiger Ausstattungswunsch herausgestellt hat. Der Wechsel an diesen Ort bringt die Emotion zum Ende auf den Höhepunkt.

Aufmerksamkeits- und Zeitmanagement

Die Besichtigungsdramaturgie funktioniert aber nur, wenn der Makler und nicht der Interessent die Führungsrolle übernimmt. Verselbstständigte Kunden müssen unter Umständen wieder „eingefangen“ werden. Der Makler hat die komlette und bedingungslose Aufmerksamkeit des Interessenten erreicht, wenn er dem Makler unaufgefordert hinterhergeht, sobald dieser den Raum verlässt. Weitere Zeichen für eine gelungene Besichtigung sind das häufige Stellen von Fragen und die Suche nach Blickkontakt mit dem Makler.
Ist die Führung gesichert, lässt sich auch der Zeitrahmen steuern: Die professionelle Erstbesichtigung eines normalen Einfamilienhauses oder einer entsprechenden Wohnung darf nicht länger als 30-45 Minuten dauern (Abhängig von der Größe der Immobilie). Eine zu lange Tour führt dazu, dass die Interessenten vom Gesamteindruck zur Detailuntersuchung umschalten und jede Ecke nach Fehlern und Schadstellen absuchen. Oft trägt die Ankündigung, dass das Highlight der Besichtigung noch bevorsteht, dazu bei, dass die Kunden von sich aus zum nächsten Zimmer drängen. Führung bedeutet auch, dass der Makler in noch bewohnten Immobilien freundlich, aber bestimmt Grenzen setzt, falls Interessenten in Schränken zu stöbern anfangen oder anderweitig die Intimsphäre der Noch-Bewohner verletzen.

Verhandlungsmasse schaffen

Bei Nachfragen zu Einrichtungsbestandteilen ist Vorsicht gefragt, beispielsweise wenn es um die Küche oder Einbauschränke geht. Dieses Interieur darf keinesfalls zu voreilig das Etikett „im Kaufpreis inbegriffen“ erhalten. Das würde es als wichtige Verhandlungsmasse im späteren Gespräch über den Preis entwerten (Kapitel 2.2.7). Wer bereits bei der Besichtigung solche Ausstattungsstücke dem Gesamtpaket zuschlägt, verhält sich wie der Käse- oder Wursthändler auf dem Wochenmarkt. Wenn dieser fünfmal geschrien hat: „Das gibt es noch obendrauf!“, dann erwartet der Kunde selbstverständlich, dass er die sechste Erweiterung des Angebots auch noch gewährt – natürlich ohne Preiserhöhung oder gar mit einem Preisnachlass als letzte Zugabe. In diese Falle dürfen Makler sich gar nicht erst begeben.

Der Immobilienfachmann hat sich selbst natürlich vorher über den ungefähren Wert solcher Einbaumöbel und Ausstattungsstücke kundig gemacht. Nur darf er sich nicht festlegen, wenn der Interessent nach der Übernahme fragt. Vielleicht ist sogar die Gegenfrage möglich, auf welchen Wert der Interessent den entsprechenden Einrichtungsbestandteil schätzt. Falls er sich darauf nicht einlässt und weiter nach dem Preis fragt, bietet sich als gute Rückzugsmöglichkeit an, Klärungsbedarf mit dem Verkäufer anzumelden.

Problemfall: Verkäufer anwesend

Eine besondere Herausforderung sind Immobilien, die der Verkäufer selbst bewohnt. Am besten vereinbart man vorher, dass er sich für die Dauer der Besichtigung zurückzieht (siehe Kapitel 2.1.5). Seine Anwesenheit erhöht das Unbehagen der potenziellen zukünftigen Bewohner, die sich auf fremdem Territorium bewegen. Besonders redselige Besitzer können zusätzlich sogar Schaden anrichten, indem sie gleich mit Nachteilen des Objekts herausplatzen, die der Makler taktisch geschickt an anderer Stelle angebracht hätte. Manchmal löst das Zusammentreffen von Verkäufer und Käufer auch direkte Preisverhandlungen aus, die beim Besichtigungstermin nichts verloren haben.
Darüber hinaus laufen Makler unter diesen Umständen Gefahr, in der Bedeutungslosigkeit zu versinken. Käufer und Verkäufer machen dann deren Job und degradieren die eigentlichen Fachleute zum schmückenden Beiwerk. Jetzt noch die Führung und die Anerkennung der Kompetenz zurückzugewinnen, ist ein fast aussichtsloses Unterfangen. Oft fallen in dieser Konstellation oder bei der späteren Nachbereitung sogar spitze Bemerkungen zu Provisionsnachlässen. Zu Recht. Wer seine Kompetenz freiwillig abgibt, hat in den Augen von Käufer und Verkäufer den Anspruch auf seine volle Entlohnung verwirkt.

Das „Kopfkino" anregen

Mit der geschickten Routen- und Zeitplanung ist es bei Weitem nicht getan. Während der Besichtigung befinden sich Makler in einer Assistentenfunktion. Dabei haben sie es einfach, denn sie müssen nur das unterstützen, was der Kunde ohnehin tut: das Projizieren des eigenen Lebensraums und der eigenen Wohnideale auf die Immobilie. „Wie würde ich mich hier einrichten? Passen meine Möbel hier rein? Wie soll die Farbgestaltung aussehen?" Diese Fragen stellt sich der Kunde während der Besichtigung, und der Immobilienfachmann als sein Assistent tut gut daran, die Fragen laut auszusprechen. Nur so entsteht die gewünschte Beziehung der noch fremden Räume zur Persönlichkeit des Kunden. An dieser Stelle macht sich ein gutes Analysegespräch erneut bezahlt. Denn woher sonst kann der Makler wissen, welche Möbel mit umziehen, welche Stilvorlieben der Kunde hat und welchen Platz ein Hobby oder ein zu Hause ausgeübter Beruf benötigt?

Das „innere Kino" des Kunden gilt es in jedem einzelnen Raum erneut anzusprechen. Wenn das gelingt, werden technische Daten wie die Quadratmeterzahl zweitrangig. Dann lautet die zentrale Frage nicht mehr: „Wie viele Quadratmeter bekomme ich für mein Geld?", sondern: „Finde ich als Individuum, finden wir als Familie mit unseren Interessen hier einen Raum zum Leben?" Letztlich sind Flächengrößen immer gefühlt und können mit einiger Kenntnis von Raumlehre geschickt verändert werden. Ob der emotionale Zugang zur Immobilie sich geöffnet hat, lässt sich am Ende der Besichtigung leicht herausfinden, und zwar mit der Nachfrage, wo es dem Kunden am besten gefallen hat. Gegebenenfalls verlegt man das Abschlussgespräch schnell in diesen Raum, um den Termin mit einem positiven Eindruck enden zu lassen.

Die Besichtigung soll in erster Linie eine emotionale Beziehung zwischen dem Kaufinteressenten und der Immobilie herstellen.
Objekt- und Courtagenachweis immer vor der Besichtigung unterzeichnen lassen!
Die Besichtigung braucht eine aufsteigende Dramaturgie: von Schwachstellen und unspektakulären Räumen hin zum schönsten Platz der Immobilie.
Der Makler muss jederzeit die räumliche und zeitliche Führung behalten.
Ausstattungsstücke nicht vorschnell in den Gesamtpreis einschließen!
„Kopfkino" auslösen, um einen positiven Abschluss der Besichtigung einzuleiten und grundsätzliche Kaufbereitschaft anzuregen.

2.2.6 Regie führen im Verkaufsgespräch

Das Verkaufsgespräch beginnt bereits am Ende der Besichtigung. Denn an diesem Punkt steht die klare Frage nach der Kaufabsicht. Erstaunlicherweise stellen viele Makler diese Kernfrage ihres gesamten Geschäfts nicht, sondern verabreden höchstens ein Telefonat oder den Versand weiterer Unterlagen. So verzögern sie selbst eine Entscheidung und öffnen Raum für Zweifel und Befürchtungen beim Interessenten.

Vermutlich bleibt die Abschlussfrage meist aus Angst vor einer Ablehnung aus. Allerdings ist eine klare Absage immer noch besser als ein längerer Schwebezustand, der von neuen Vermarktungsschritten oder der Zusage gegenüber anderen Interessenten abhält. Außerdem wächst die Gefahr einer Absage, wenn nach der Besichtigung zu viel Zeit ungenutzt verstreicht. Bis zum verabredeten Telefonat wälzen die Interessenten in Gedanken die Stärken und Schwächen der Immobilie. Erfahrungsgemäß rücken dabei die Problempunkte in den Vordergrund, weil der positive Eindruck der Räume nicht mehr unmittelbar vor Augen steht.

Natürlich wird kaum ein Interessent sofort den Füllfederhalter zur Unterschrift unter den Kaufvertrag zücken, sondern über diese große Investition erst noch einmal eine Nacht schlafen wollen. Diese Bedenkzeit sollte der Makler am Ende der Besichtigung bereitwillig einräumen und bei der Frage nach dem Kaufinteresse fairerweise auch deutlich machen, dass eine positive Antwort noch keine rechtliche Festlegung bedeutet.

Klare Aussage verlangen, aber nicht drängen

Auf eine klare Aussage zur Tendenz gegenüber dem gerade besichtigten Objekt darf der Makler am Ende der Besichtigung aber bestehen. Ist die Kaufabsicht signalisiert, zieht er sich jedoch einen Schritt zurück und vereinbart für den nächsten oder übernächsten Tag ein Telefonat, um eventuell noch vorhandenen oder neu aufgekommenen Informationsbedarf zu decken. Erst danach kann man als nächsten Schritt das tatsächliche Verkaufsgespräch im Maklerbüro oder erneut in der Immobilie vereinbaren.

Diese Rücknahme der Dynamik hilft dem Gegenüber auch gegen eventuell vorhandene Ängste, dass man ihn zu irgendetwas drängen möchte, und stärkt damit wiederum die Position des Verkäufers. Der Makler erscheint durch diese Vorgehensweise als jemand, der zwar die klare Absicht hat, das Objekt zu verkaufen, nicht aber als jemand, der es um jeden Preis verkaufen muss.

Meistens gibt es am Ende der Besichtigung jedoch keine eindeutige Aussage, sondern ein „Ja, aber ..." oder ein „Nein, weil ..." zu hören. An dieser Stelle gilt es, Einwand von Vorwand zu unterscheiden. Bei beiden handelt es sich nicht um Katastrophen, sondern um Ansatzpunkte für die weitere Arbeit.

Ein Einwand ist letztlich ein Hinweis auf noch ungeklärte Punkte. Entweder war zuvor die Analyse der Wohnbedürfnisse nicht gründlich genug, die Kunden wurden nicht ausreichend auf eventuell nötige Zugeständnisse vorbereitet, oder die Interessenten haben für sie wichtige Kriterien nicht genannt, die die neue Wohnung oder das neue Haus erfüllen muss.

Mehrere angemessene Reaktionen sind auf einen Einwand möglich: Erkennt der Makler, dass er bisher mit seiner Einschätzung falsch gelegen hat, ist eine Überarbeitung des Immobiliensuchprofils für diesen speziellen Kunden nötig. Daran schließt sich ein neuer Suchlauf durch die vorhandenen Immobilien an, um dieses Mal ein besser geeignetes Objekt auszuwählen. Liegt die Ablehnung des Objekts an der mangelnden Kompromissbereitschaft des Kunden, hilft ein erneutes klärendes Gespräch, bei dem auf ein eventuelles Missverhältnis zwischen Preislage, den dafür angebotenen Immobilien und der machbaren Finanzierung hingewiesen wird. Oder der Makler versucht die Gründe für den Einwand zu beheben (z. B. Kostenklärung für notwendige Renovierungsmaßnahmen).

Ein Vorwand ist dagegen letztlich eine Ausrede. Weil ihm der sachliche Grund fehlt, ist dem Vorwand mit sachlichen Argumenten auch schwer beizukommen. Vielmehr gilt es, den tatsächlichen Einwand aufzuspüren, der hinter dem vorgeschobenen Ablehnungsgrund steckt, und dann an ihm zu arbeiten.

Realitätscheck für die Analyse

Es ist wichtig, im Verkaufsgespräch noch einmal mit dem Käufer die zentralen Punkte aus dem Kennenlerngespräch durchzugehen und einen Abgleich zwischen seinen persönlichen Positiv- und Negativkriterien sowie der konkreten Immobilie herzustellen. Vielleicht muss er einfach nur an das erinnert werden, was ihm wichtig war. Eventuell treten bei dieser Rückschau aber auch Fehler aus dem Analysegespräch oder aus dessen Auswertung zutage, die jetzt korrigiert werden müssen. Oftmals hilft der Abgleich mit einer konkreten Immobilie, die für den Käufer nicht die passende war, seine Kriterien genauer zu fassen.

Technikfragen schnell klären

Vergleichsweise einfach ist der Umgang mit bautechnischen oder gestalterischen Einwänden gegen die Immobilie. In diesen Fällen kann eine weitere Beratung das Problem lösen, eventuell mithilfe eines Architekten, Baugutachters oder Handwerkers, zu dem der Immobilienexperte durch seine Verbindungen (siehe Kapitel 1.1) einen guten Draht hat. So lässt sich beispielsweise klären, ob die Setzrisse in der Wand tatsächlich harmlos sind oder dass der Einbau einer Fußbodenheizung einfach zu bewerkstelligen ist. Dabei darf man den Kunden bereits am Ende der Besichtigung beim Wort nehmen. Auf die Frage: „Wenn wir diese Unklarheiten ausgeräumt haben, kaufen Sie dann?" sollte ein Ja kommen. Ein Nein verrät, dass es sich um einen Vorwand handelt, dessen wahrer Kern noch zu erforschen ist.
Der zweite Termin dient zur Klärung solcher technischen Fragen. Dann kann auch in Ruhe über Details zum Modernisierungsstand der Haustechnik oder über Energiekostenabrechnungen der vergangenen Jahre gesprochen werden. Trotz dieser trockenen Materie gilt es, die menschliche Ebene zum Käufer aufrechtzuerhalten. Selbst Fragen zur Heizungstechnik lassen sich immer wieder in Verbindung zur Lebenssituation, zur Familie, zu den Plänen mit dem neuen Heim bringen.

Letztlich werden Immobilien vor allem aus emotionalen Gründen gekauft. Erst wenn eine emotionale Entscheidung getroffen ist, folgen die Fakten. Diese müssen natürlich auch stimmen. Insofern sind Einwände in erster Linie Emotionen. Sie sind schwerer zu fassen als Sachkriterien, aber Angst braucht vor ihnen dennoch niemand zu haben. Schließlich hat der Makler bereits zuvor mit dem Verkäufer – im Marketing, am Telefon und im Kennenlerngespräch – mit Emotionen gearbeitet. Wurde dabei alles richtig gemacht, ist bereits eine tragfähige Bindung zu den Interessenten entstanden, was das Ausräumen vielfältiger Probleme erleichtert. Diese Arbeit setzen geschickte Makler auch nach der Besichtigung fort.

Die grundsätzliche Kaufbereitschaft am besten direkt nach der Besichtigung abfragen.

Eine Ablehnung der Immobilie sollte ein Ansporn zur Überarbeitung des bisherigen Suchprofils sein.

Bei grundsätzlicher Zustimmung lassen sich während eines zweiten Termins in der Immobilie technische Fragen leicht klären.

Auch im Verkaufsgespräch geht es letztlich um die emotionale Bedeutung der Immobilie für den Interessenten.

2.2.7 Preisverhandlung: Die Stunde der Wahrheit

Ist die grundsätzliche Entscheidung für die Immobilie gefallen, wird es noch einmal spannend, denn dann werden unter Umständen die Preisverhandlungen geführt. Kaum ein Interessent schlägt zum Angebotspreis ein, es sei denn, man hat es mit einem äußerst gefragten Objekt zu tun, für das sich weitere zahlungswillige Bewerber interessieren. Meist geht es bei der Preisverhandlung nicht um reale Wertberechnungen und -abwägungen, sondern um das psychologische Erfolgserlebnis, einen persönlichen Vorteil erzielt zu haben. Auch der Marktwert wird, wie die Fläche eines Raumes, mehr gefühlt als rational abgewogen: „Was ist mir Käufer diese Immobilie bei allen Gegebenheiten und unter meinen momentanen persönlichen Umständen wert?" Dies alles fließt in das individuelle Marktwertgefühl ein. Auch persönliche geschmackliche Abneigungen werden gern dem Kaufpreis angelastet.

Hier ist erneut das Einfühlungsvermögen des Maklers gefragt.
Nur wer sich in die emotionale Lage des Gegenübers versetzen kann, ist dazu fähig, ihm den objektiven Wert der Immobilie und der Maklerdienstleistungen so zu vermitteln, dass der Verhandlungspartner sie akzeptiert. Hier gilt es eine Brücke zu bauen zwischen dem gefühlten und dem faktisch ermittelten Wert.
Keinesfalls dürfen Makler sich zu früh zu tatsächlichen Verhandlungen über den Preis für die Bausubstanz drängen lassen. Vielmehr werden zum passenden Zeitpunkt Elemente wie Einbauküche, Möbel, Gartenausstattung oder auch das im Schuppen aufgeschichtete Kaminholz wichtig, die bereits in der Verkaufsvorbereitung vorgemerkt wurden. Diese Zugaben verschaffen dem Käufer ein Erfolgserlebnis, lassen den Marktwert aber unangetastet.

Der süße Triumph des Käufers

Nachdem man während der Besichtigung eine schnelle Aussage zum Interieur vermieden hat (siehe Kapitel 2.2.5), darf nun die Einrechnung in den Kaufpreis keineswegs mit lockerer Hand erfolgen. Vielmehr gilt es, die mögliche Mitübernahme als nicht einfach umsetzbare und für den Käufer vorteilhafte Option darzustellen. Nur so erhält die Küche oder der Einbauschrank einen psychologisch hohen Wert für den neuen Besitzer. Schließlich hat er sie ja nicht geschenkt bekommen, sondern diese Zugabe mühsam erhandelt. Jedes Mal wenn er in den folgenden Jahren in seine Küche kommt, wird er daran zurückdenken und sich über sein Händlergeschick freuen. Das Erfolgserlebnis ist dauerhaft und nachhaltig.

In den Verhandlungen über den Preis und die Zugaben braucht man sich als Makler nicht zu scheuen, ein mögliches Scheitern des Geschäfts in Aussicht zu stellen. Wer sich tatsächlich mit der Immobilie angefreundet hat, wird vor dem vollkommenen Abbruch der Verhandlungen zurückschrecken. Falls es doch dazu kommt, muss man sich als Makler nichts vorwerfen lassen; zumindest nicht, wenn man eine solide Wertermittlung vorgenommen hat. In diesem Fall ist ein Verzicht auf den Abschluss immer noch besser,

als sich herunterhandeln zu lassen. Scheitert es an geringen Summen, muss die Frage erlaubt sein, ob eine ernsthafte Grundsatzentscheidung tatsächlich getroffen war oder ob alles nur den sportlichen Ehrgeiz befriedigen sollte.
Schwieriger wird es bei Häusern oder Wohnungen mit vollkommen leeren Räumen. Verhandlungsmasse in Gestalt von Ausstattung ist nicht vorhanden. Hier müssen bereits zuvor Absprachen mit dem Verkäufer getroffen worden sein, um doch noch solche Möglichkeiten zu schaffen (siehe Kapitel 2.1.5). Beispielsweise kann er anbieten, die Materialkosten für einen neuen Fußboden zu übernehmen oder selbst die Wände zu streichen. Ebenso wie bei den Einbaumöbeln bietet man diese Optionen sinnvollerweise erst zum richtigen Zeitpunkt an, also in der Preisverhandlung.

Zu teuer? Kein Argument!

Trotz dieser Kunstgriffe wird nahezu jeder Interessent versuchen, den Kaufpreis um ein paar tausend Euro zu senken. Selten fällt dem Verhandlungspartner dazu mehr ein als die reichlich allgemeine Bewertung „Zu teuer!". Auf diese Argumentation dürfen Makler sich auf keinen Fall einlassen oder, schlimmer noch, monetären Verhandlungsspielraum signalisieren. Denn wer dies tut, macht unausgesprochen folgende Aussage: „Nehmen Sie meine Preisermittlung nicht ernst. Ich beherrsche mein Handwerk nicht." Oder der Verhandlungspartner bekommt den Eindruck, dass der Preis von vornherein um diesen Betrag zu hoch angesetzt gewesen ist, was in der Praxis schließlich oft genug vorkommt. Genau dies vermuten die Käufer – entweder durch eigene Erfahrungen oder durch Hörensagen. Dem gilt es entschieden entgegenzutreten.

Zur Behauptung „Zu teuer!" ist eine Gegenfrage nicht nur erlaubt, sondern geradezu Pflicht: „Wie kommen Sie darauf?" Der Makler muss sich immer vor Augen halten, dass er der Experte für Wohnobjekte und deren Wert ist. Welche Grundlage hat also der potenzielle Käufer als Laie, den Wert niedriger einzuschätzen? Das wäre ungefähr so, als ob der Patient die fachmännische Diagnose eines Arztes infrage stellt und eine von diesem als notwendig erachtete Operation als übertrieben ablehnt.

Auf die Wertermittlung verlassen

Der typische Käufer wird mit echten oder vermeintlichen Mängeln, Nachteilen der Lage oder Renovierungsaufwand argumentieren. Doch alle diese Einwände sind nicht stichhaltig – zumindest nicht, wenn der Makler zuvor bei der Wertermittlung (siehe Kapitel 2.1.4) ordentlich gearbeitet hat. Denn dann sind diese wertmindernden Aspekte, wenn sie denn tatsächlich existieren, bereits eingepreist. Genau diesen Zusammenhang muss der Makler dem Käufer freundlich, aber entschieden klarmachen. Eine sorgfältige Wertermittlung gleicht einer gewissenhaften Diagnose nach festgelegten, fassbaren Kriterien. Alle darüber hinausgehenden Einwände des Käufers sind subjektiv und ergeben deshalb auch nicht fassbare Wertabschläge.

Idealerweise hat der Käufer am Ende der Preisverhandlung das Gefühl, ein gutes Geschäft gemacht zu haben, weil er einen objektiv angemessenen Preis zahlt und dazu noch diverse Extras in der Ausstattung bekommt.

Gerade in jüngster Zeit mit scheinbarer Immobilienknappheit und gestiegener Nachfrage (siehe Kapitel 1.5) kommt es zunehmend wieder zu einem lange Zeit kaum bekannten Phänomen: Interessenten versuchen den Preis nicht herunterzuhandeln, sondern überbieten sich gegenseitig. Widerfährt einem dies als Makler, bleibt nur noch, die Entscheidung an den Verkäufer zurückzugeben. Er muss bestimmen, welcher Interessent mit welchem Preisangebot den Zuschlag bekommt.

Bei Preisverhandlungen geht es vielfach nicht um das eingesparte Geld, sondern um das Erfolgserlebnis des Käufers, etwas herausgehandelt zu haben.

Als Makler darf man ruhig auf dieses Bedürfnis eingehen, allerdings nicht mit Preisnachlässen, sondern mit Zugaben in Form von Interieur oder Leistungen des Vorbesitzers.

Einwände gegen den Kaufpreis sind in Wirklichkeit oft Einwände oder geschmackliche Vorbehalte gegen die Immobilie an sich. Entsprechend müssen sie behandelt werden.

Keinesfalls auf Preisverhandlungen eingehen! Schließlich hat man als Makler zuvor eine verlässliche Wertermittlung angestellt.

In vielen Fällen ist es besser, auf einen Abschluss zu verzichten, als sich unter den ermittelten Wert drücken zu lassen.

2.2.8 Das Finale: Abschluss und Notartermin

Der letzte Akt des Immobiliengeschäfts beginnt dann, wenn der Makler dem Kunden den „Auftrag zur Vorbereitung eines Notartermins“ (Vorlage siehe Anhang / Formular 2) aushändigt. Dies ist verbindlicher und fassbarer als eine Reservierung, besagt diese doch: „Ich habe noch Bedenkzeit.“ Auch wenn vielerorts mit sogenannten Reservierungsgebühren gearbeitet wird – diese sind letztlich nur moralisch verpflichtend und nicht rechtlich greifbar. Wenn keine gefestigte Kaufentscheidung besteht, wird ein Interessent schließlich das kleinere Übel wählen, die Gebühr zahlen und zurücktreten.

Die Vertragspartner können den Notar frei wählen. Meistens haben sie aber keinen bestimmten zur Hand. Das bietet dem Makler die Möglichkeit, seinen Stammnotar ins Gespräch zu bringen, mit dem er bereits reibungslos zusammengearbeitet hat.

Der Auftrag zur Vorbereitung eines Notartermins muss jeweils sämtliche Daten zu dem oder den Verkäufern und Käufern umfassen, gegebenenfalls auch die Anteile, zu denen ihnen die Immobilie gehört oder sie das Objekt erwerben. Auch der Kaufgegenstand muss mit Grundbuchangaben, Anschrift und Art der Immobilie eindeutig identifiziert sein. Kaufpreis und Übergabetermin komplettieren den Auftrag. Bei der Übernahme von Einrichtungsgegenständen muss deren Preis beziffert und eine Inventarliste beigefügt werden, da darauf keine Grunderwerbssteuer entfällt. Falls dazu Rechnungen vorhanden sind, wird der reale Wert des Interieurs aufgenommen, andernfalls ein Schätzwert von maximal acht Prozent des Gesamtverkaufspreises. Weitere Sondervereinbarungen gehören ebenfalls in diesen Auftrag. Das können beispielsweise sein:

- Kaufpreisteilzahlungen
- Übergabetermine, sonstige individuelle Besonderheiten und Vereinbarungen
- Teilbenutzungsvereinbarungen
- Bestehende Mietverhältnisse
- Absprachen, dass der Käufer anstelle des Verkäufers räumt, dass der Verkäufer Schönheitsreparaturen ausführen lässt oder die Notarkosten komplett übernimmt
- Übergang von Nutzen und Lasten vor vollständiger Kaufpreiszahlung

Alle diese Informationen benötigt der Notar zum Aufsetzen des Kaufvertrags.

Der Notar muss außerdem wissen, wie der Käufer die Immobilie finanziert, weil je nach Finanzierungsart auch dazu eine Grundschuldbestellung und eine Belastungsvollmacht nötig sind. Besondere Sorgfalt ist bei Eigentumswohnungen mit Außenanlagen geboten, die einen eigenen Grundbucheintrag haben. Im Regelfall handelt es sich dabei um Garagen, die ebenfalls mit sämtlichen Lageinformationen aufgeführt sein müssen. Sicherheitshalber sollte man auch eine Kopie des Personalausweises des Käufers beilegen, schon um Schreibfehler beim Eintrag ins Grundbuch zu vermeiden.

Vertragsentwurf: Wissensvorsprung bewahren

Der Auftrag geht mit allen nötigen Unterlagen und der Anforderung eines Vertragsentwurfs an den Notar. Im Anschreiben leitet der Makler am besten die Zusendung des Vertragsentwurfs direkt an sich selbst in die Wege, nicht etwa an die Beteiligten. Werden Verkäufer und Käufer mit dem komplizierten Vertragstext (Beispielvertrag siehe Anhang/Formular 3) allein gelassen, entsteht Unsicherheit. Das führt wiederum dazu, dass sie sich von Freunden, Nachbarn und anderen selbst ernannten Experten „beraten" und verängstigen lassen. Hier darf man keinesfalls den Neid der vermeintlichen Fachleute unterschätzen. Selbst wenn sich die Missgunst im Rahmen hält, löst allein schon die Tatsache der Nachfrage psychologischen Druck aus: Wenn man schon von einem Bekannten so sehr ins Vertrauen gezogen und zu einem Immobiliengeschäft befragt wird, dann will man schließlich auch etwas zu sagen haben. Dies ist meist eine aus gefährlichem Halbwissen genährte Kritik gegenüber der Immobilie, dem Vertrag, dem Verkäufer oder dem Makler. Schlimmstenfalls kann durch solche vermeintlich guten Ratschläge ein Geschäft noch über dem ausformulierten Vertragsentwurf scheitern.

Juristisch – Deutsch: Der Makler als Übersetzer

Am besten ist es, beide Vertragsparteien zu getrennten Vorbesprechungen einzuladen. Dabei kommt dem Makler die durchaus anspruchsvolle Aufgabe zu, das Juristendeutsch des Vertragstextes ins Hochdeutsche zu übersetzen. Dies setzt natürlich voraus, dass er die Übersetzung selbst beherrscht und den Inhalt des Vertrags in Bezug zur Immobilie in allen Details erläutern kann. Zudem können Fragen beantwortet oder zumindest für das Einholen weiterer Informationen entgegengenommen werden.
In dieser Phase bekommt man es oft mit den Rechtsanwälten der Vertragspartner zu tun. Allerdings ist nicht jeder Anwalt auch ein Fachmann für Kaufverträge oder Immobilienrecht. Gelegentlich kommt es vor, dass Anwälte äußerst abenteuerliche und in der Praxis nicht umsetzbare Klauseln in den Kaufvertrag hineinschreiben wollen. Das Abblocken der anwaltlichen Beteiligung hilft hier nicht. Besser ist es, den Rechtsbeistand in die Vorbesprechung einzubeziehen und ihm zusammen mit dem Käufer den Kaufvertrag in allen Details zu erklären. Wenn das nicht reicht, hilft es oft weiter, einen direkten Kontakt zwischen Notar und Anwalt herzustellen, sodass juristische Feinheiten zwischen zwei Volljuristen auf Augenhöhe geklärt werden können.

Letzte Probleme beseitigen

Nicht zuletzt geht es aber auch in der Vorbesprechung vor allem um Psychologie. Der Termin ist die letzte Gelegenheit, eventuelle Irritationen zu erspüren und sie auszuräumen. Wenn der Makler dabei seine Arbeit gewissenhaft macht, wird er genau das in der

Vorbesprechung erklären, was der Notar bei der Vertragsunterzeichnung noch einmal erläutert. Für den Makler bedeutet das einen gewaltigen Kompetenzzuwachs, und die Vertragspartner bekommen durch die gleichlautenden Erläuterungen zweier Fachleute das gute Gefühl, mit der Vertragsunterzeichnung alles richtig zu machen.

Das Vereinbaren des Notartermins darf man nicht zu lange hinausschieben, damit die Eindrücke aus Besichtigung und Vorbesprechung frisch bleiben und nicht doch noch Bedenken aufkommen oder wenig hilfreiche Tipps vermeintlicher Fachleute zur Verwirrung führen. Am schnellsten kommt man zum Ziel, wenn man den Beteiligten zwei mögliche Termine zur Auswahl stellt und so einen von beiden mit hoher Wahrscheinlichkeit durchsetzt.

Allerdings gibt es bei Neubaugrundstücken eine vom Gesetzgeber eingezogene 14-Tage-Frist zwischen der Vorlage des Vertragsentwurfs gegenüber dem Käufer und der Unterzeichnung des Kaufvertrags, die unbedingt eingehalten werden sollte. Sie gilt jedoch nicht für Bestandsimmobilien, da es bei ihnen im Vertrag heißt: „wie gesehen und besichtigt“.

Entscheidend ist die umfassende und korrekte Versorgung des Notarbüros mit allen notwendigen Daten.

Die Vertragsentwürfe nicht direkt an Verkäufer und Käufer schicken lassen, sondern an den Makler. Dann mit beiden Parteien einzelne Erläuterungstermine vereinbaren.

Bei der Erläuterung geht es vor allem darum, schwierige juristische Formulierungen allgemein verständlich zu machen und ein gutes Gefühl zu vermitteln.

Den Notartermin zeitnah nach der Besichtigung und den folgenden Verhandlungen ansetzen.

3. Weitere Wege zum Erfolg

3.1 Erfolgreiches Verkaufen lässt sich trainieren

Es gibt zahlreiche Fortbildungs- und Trainingsangebote hinsichtlich der Techniken in der Immobilienbranche. Was jeder angehende oder bereits etablierte Makler davon wahrnimmt und was ihm am meisten weiterhilft, hängt von den persönlichen Stärken und Schwächen sowie Vorlieben ab. Doch für jede Herangehensweise an das Immobilienbusiness gilt: Selbstdisziplin und Konsequenz sind Schlüsseleigenschaften.
Wichtig ist auch die nötige Flexibilität, um sich in Verhandlungsabläufen und Strategien an die Marktgegebenheiten und Bedürfnisse anzupassen, die sich sehr schnell ändern. Wirtschaftliche und politische Umstände verursachen eine sehr hohe Volatilität in den Motiven und Sensibilitäten der Verhandlungspartner von Maklern (siehe Kapitel 1.5). Darauf müssen Immobilienfachleute ständig vorbereitet sein und reagieren können. Somit erfordert die Ausrichtung von Strategien und Argumenten eine erhebliche Anpassungsfähigkeit. Sicher: Wer Verhandlungen führt, musste schon immer geistig beweglich sein, denn letztlich wird der Markt von Menschen gemacht, und diese reagieren natürlich auf äußere Gegebenheiten. Auch hier ist alles eine Frage der Emotion. Doch in der um sich greifenden Wirtschaftskrise hat die Geschwindigkeit erheblich zugenommen. Dies setzt eine gut entwickelte Kenntnis des politischen und wirtschaftlichen Umfelds voraus. Mehr denn je ziehen die Gesprächspartner die Makler auch zu aktuellen Themen zurate, um daraus resultierende Unsicherheiten ausräumen zu können. Immobilienexperten müssen darauf mit sicherheitsorientierten Lösungen für Verkäufer und Käufer reagieren können.

Licht und Schatten des Maklergeschäfts

Wer Erfolg haben will, muss sich auf Dauer selbst motivieren können. Motivation kommt nicht von außen. Das ist eher die Ausnahme. Makler messen sich immer wieder selbst, nicht zuletzt an den erzielten Zahlen und Erfolgserlebnissen in Form von erfolgreichen Abschlüssen. Die große Herausforderung in diesem Business ist es, mit den eigenen Emotionen umzugehen. Makler sind eine besondere Spezies. Himmelhoch jauchzend, zu Tode betrübt – alles innerhalb einer Minute: Mit einer Zusage scheint der Abschluss in greifbare Nähe gerückt, mit ihm die Provision und das, was man mit dem Geld tun will. Doch in der nächsten Minute klingelt das Telefon: Absage – eine Welt stürzt ein. Das ist die Schattenseite der Sensibilität, die Makler brauchen, um sich in Bruchteilen von Minuten auf immer neue Persönlichkeiten, Situationen und Umstände einstellen zu können. Der Umgang mit diesen Emotionen will beherrscht sein.

Eine Absage bedeutet noch nicht unbedingt den Verlust des Abschlusses. Entweder gelingt es dem Makler, den Käufer noch zu überzeugen, indem er mögliche zugrunde liegende Ängste oder Unsicherheiten neutralisiert, oder er muss so viel emotionale Kontrolle aufbringen, dass er sich selbst sagt: Dann kauft eben jemand anderes. Letztlich ist bis heute hierzulande noch jede Immobilie verkauft worden.

Beim Zurechtkommen mit den eigenen Emotionen und im täglichen Geschäft stehen wiederum Selbstdisziplin und Konsequenz im Mittelpunkt: Der Makler muss wissen, welche Unterlagen zu welchem Zeitpunkt des Geschäfts vorliegen müssen. Er muss die Fragen kennen, die er Anbietern und Interessenten im Verlauf des Geschäftsabschlusses stellt. Und er muss wissen, welche Informationen er aus den Antworten ziehen will und wann er nachhaken muss, wenn die Datenbasis zu dünn oder die menschliche Einschätzung seines Gegenübers nicht vollständig ist. Ohne ausreichende und verlässliche Informationen zur Wertermittlung darf der Vertrieb nicht starten. Ohne ein persönliches Analysegespräch mit einem Immobilieninteressenten darf keine Auswahl möglicher Objekte beginnen – erst recht nicht, wenn der Interessent seine Finanzierung nicht geklärt hat. Nur konsequentes Vorgehen ermöglicht nachhaltiges und Erfolg versprechendes Handeln. Spätestens wenn sich ein Objekt nicht vermarkten lässt oder wenn sich der Interessent als Besichtigungstourist herausstellt, rächen sich Versäumnisse in der Vorbereitung mit einem Vielfachen des Zeitaufwands.

Diszipliniert und konsequent arbeiten

Konsequentes Vorgehen im Marketing bedeutet, sofort nach der Sichtung des Objekts die Plus-Minus-Liste zu erstellen, Kaufmotive zu identifizieren und die Wertermittlung vorzunehmen. Anzeigen- und Exposé-Texte müssen ebenso frühzeitig angefertigt werden und nicht in letzter Minute. Der Unterschied zwischen einer konsequenten und einer nachlässigen Herangehensweise wird sofort in der Qualität der erzeugten Materialien sichtbar.

Selbstdisziplin und Konsequenz sind auch bei der internen Verwaltung und Abläufen gefragt, insbesondere wenn man im Team arbeitet. Nur eine transparente Aktensystematik ermöglicht Kollegen und Mitarbeitern eine reibungslose Zuarbeit und Kooperation, und nur eine gut geführte und regelmäßig aktualisierte Kunden- und Informantendatei bleibt ein wirkungsvolles Vertriebswerkzeug. Wird die Pflege der Daten richtig vollzogen, lohnt sich der dafür betriebene Aufwand allemal.
Eine gewisse Stärke ist unerlässlich, um sich bei Courtage oder Kaufpreis nicht herunterhandeln zu lassen, selbst wenn das in diesem Moment einfacher wäre. Ein kurzes Nachgeben an diesen Punkten zieht lange Ärger darüber nach sich, dass man in diesem entscheidenden Moment nicht hart geblieben ist.

Vorsicht bei Patentlösungen

Die Lebens- und Berufseinstellung, im Großen sowie in den kleinen Routinen des Alltagsgeschäfts, entsteht vor allem durch Zeit und Erfahrung. Für Berufsanfänger ist es normal, andere, scheinbar einfachere Wege zu gehen. Es gibt schließlich selbst ernannte Experten, Erfolgs- und Vereinfachungstrainer zur Genüge, die angebliche Patentlösungen verkaufen. Letztlich kommen aber alle zu der Erfahrung zurück, dass der steinige Weg über Selbstdisziplin, Konsequenz und bewussten Umgang mit den eigenen Emotionen auf lange Sicht zu nachhaltigem Erfolg führt.

Natürlich gilt es, neue Entwicklungen wahrzunehmen und sich ihnen, wo es sinnvoll ist, zu öffnen. Aber an den Grundwahrheiten des Geschäfts ändert das nichts. Ein Beispiel: Die Energieeinsparverordnung ist eine relativ neue Vorschrift und wird alle paar Jahre überarbeitet. Daran müssen Makler sich anpassen, ihr Wissen aktuell halten und Konsequenzen für ihre Arbeit ziehen. Aber an der grundlegenden Verhandlungsstrategie mit Verkäufern und Käufern ändert sich nichts. Schließlich stecken hinter jedem Immobiliengeschäft letztlich Menschen mit den gleichen Grundbedürfnissen wie vor dreißig Jahren, wie vermutlich auch in den nächsten dreißig Jahren und darüber hinaus.

Selbstdisziplin, Konsequenz und Flexibilität sind die Erfolgsgaranten im Maklergeschäft.

Stimmungen und Gefühle sind keine Störfaktoren, sondern wichtige Instrumente – sowohl beim Makler selbst als auch bei seinen Geschäftspartnern.

Erfahrung im Geschäft ist ein hoher Wert. Gleichzeitig gilt es, sich ständig über aktuelle Entwicklungen auf dem Laufenden zu halten.

Weiterbildung und Weiterentwicklung enden nie. Das gilt ganz besonders im Immobiliengewerbe.

3.2 Der Makler der Zukunft

Die Tendenz der Branche geht immer mehr in die Richtung „der Makler als Dienstleister". Zukünftig wird es nicht mehr reichen, nur Anschriften preiszugeben, Exposés zu versenden und potenzielle Käufer bei der Besichtigung sich selbst oder im schlimmsten Fall dem Verkäufer zu überlassen. Käufer wie Verkäufer erwarten mehr. Sie wollen betreut werden.
Das setzt umfassende Kenntnisse und eine gewisse Basis der Ausbildung voraus. Die Zeiten, in denen man nur verkaufen können musste, sind vorbei – was immer man unter „verkaufen" verstanden hat. Spätestens seit es in der Branche verschiedene Ausbildungsmöglichkeiten bis hin zu Studiengängen gibt, kann ein Kunde auch entsprechend kompetente und umfassende Dienstleistungen rund um die Immobilie erwarten. Dies beginnt bei der Bewertung und Finanzierung und reicht über Miet- und Maklerrecht sowie Vertriebswege bis hin zur Materialkunde.

Immobilienkompetenz in einer Hand

Aber damit nicht genug. Letztlich haben sich Verkäufer und Käufer einen kompetenten Experten an die Seite geholt. Die Betonung liegt nicht zuletzt auf „einen". Der kompetente Makler wird in Zukunft immer mehr zum zentralen Dienstleister für alle Belange, die mit Einkauf und Verkauf einer Immobilie zusammenhängen: Beschaffung von Unterlagen, ihre Aufbewahrung und Aufbereitung, Terminlogistik, Vermittlung von Experten, bei z. B. Schadstoffverdacht, Entrümpelung, Bewertung von entdeckten Antiquitäten im ererbten Haus. Bei all diesen und noch vielen weiteren Fragen ist der professionelle Makler mit seinen Kontakten (siehe Kapitel 1.1) gefragt. Er muss als zentrale Figur für alle Belange Lösungen anbieten können.

Das vermittelt den Kunden das gute Gefühl, den richtigen Partner gefunden zu haben. Im Idealfall kann sich sowohl der Verkäufer als auch der Kaufinteressent entspannt zurücklehnen. Denn der Makler regelt alle Eventualitäten für sie, zumindest in der Vorbereitung, in der Form passender Angebote oder durch die Vermittlung kompetenter Fachleute. Der Makler informiert unaufgefordert und zeitnah über alles, was geschieht, und hält seine Kunden immer auf dem aktuellen Kenntnisstand.

Neue Zusammenarbeitsmodelle

Dieses zukunftsweisende „Rundum-sorglos-Paket" ist auf dem Markt vereinzelt schon vertreten. Im benachbarten Ausland wird es zum Teil schon jahrelang praktiziert. Oft stützt sich ein derart ausgerichtetes Geschäftsmodell auf einen Verbund aus mehreren Maklern, sichert für alle Beteiligten den Zugriff auf alle Angebote und bietet damit ein erhebliches Potenzial. Kaufinteressenten haben in einem solchen Maklerverbund online die Möglichkeit, ihr Suchprofil festzulegen und zu formulieren. Sie erhalten zudem Zugriff auf das reichliche Immobilienangebot und die angeschlossenen Geschäftspartner

und Sachverständige. Die Provision fließt als Festpreis an den Erstmakler. Deshalb besteht keine Gefahr, wenn der Verkäufer publik gemacht wird. Das räumt die Scheu aus, weitere Kollegen hinzuzuziehen und eine Interessengemeinschaft zu bilden.
Letztlich werben die ersten im Verbund arbeitenden Makler neuen Typs mit Leistungen, die für einen professionellen und verantwortungsvollen Makler selbstverständlich sein sollten, ob mit Festhonorar oder konventionell bezahlt. Nur erscheinen diese Tätigkeiten im Verhältnis zur prozentualen Provision in einem vollkommen anderen Licht. Es entsteht der Eindruck: Verkäufer und Käufer bekommen mehr Leistung für ihr Geld. Doch stimmt dieser Eindruck überhaupt? Augenscheinlich fällt das Preis-Leistungs-Verhältnis besser aus. Doch wie finanzieren sich diese kooperierenden Makler? Über eine höhere Umschlagsgeschwindigkeit oder über die Masse?

Es ist nichts Neues, dass Dinge in der Immobilienwirtschaft des benachbarten Auslands seit Jahren dort funktionieren, aber noch lange nicht hierzulande; zumindest nicht auf Anhieb und mit erheblichem zeitlichen Versatz. Doch das ist möglicherweise die Zukunft: vom Vermittler zum Dienstleister.

Von den Nachbarn lernen

Allerdings sollte ein ernsthafter Makler mit Sorgfaltsbewusstsein und eigenem hohen Anspruch verstehen, dass das Vermitteln von Immobilien schon immer eine Dienstleistung war. Offenbar ist das auch eine Frage der Formulierung. In Frankreich, Belgien und Luxemburg ist es seit vielen Jahren überhaupt keine Frage, dass Menschen sich an Immobilienspezialisten wenden, die für sie zum Dreh- und Angelpunkt für ihr steinernes Vermögen werden. Ganz selten oder gar nicht kommen Käufer oder Verkäufer auf die Idee, diese Dinge selbst zu erledigen. Das Ansehen der Berufsgruppe ist sehr hoch.

Woran liegt dieser Unterschied zur Realität im deutschsprachigen Raum? Genau daran, dass man sich darauf verlassen kann, dass sich nach Auftragsübernahme im Einkauf wie im Verkauf eine umfassende Maschinerie in Bewegung setzt, die von einer einzigen Person koordiniert wird. Nicht umsonst heißt der Makler im französischsprachigen Raum „Agent immobilier" – Immobilienagent. Was tun Agenten? Das kennt man aus anderen Branchen, in denen es ebenfalls um viel Geld und gute Vermarktung geht: Der Agent regelt einfach alles zum Besten seines Schützlings. Dieser muss nichts mehr tun, außer zu den wichtigen Terminen erscheinen und unterschreiben. Für diese Leistungen werden hohe Honorare bezahlt, und die Beteiligten haben das Gefühl, dieses Geld gut investiert zu haben.

Ohne Fleiß geht nichts

Hierzulande mangelt es leider noch häufig am Selbstverständnis vieler Makler als Rund-um-Dienstleister und Agent für Käufer und Verkäufer. Es gibt tatsächlich immer noch die irrige Meinung, in der Immobilienwirtschaft könne man ein Vermögen verdienen, ohne viel dafür zu tun. „Wenn etwas zugesandt wurde, meldet sich der Kaufwillige schon."

Was für eine Einstellung! Was, wenn Unsicherheiten, Ängste oder äußere Einflüsse davon abhalten? Eine professionelle Begleitung könnte hier vielen zu einer Entscheidung verhelfen. Was, wenn dem Verkäufer nur die objektive Einschätzung und Transparenz der Maklerleistung fehlt?

Professioneller Immobilienvertrieb bedeutet genau genommen: voller zielführender Einsatz und Unterstützung bei Ein- und Verkauf. Langsam setzt sich dieses Bewusstsein auch in der Maklerlandschaft durch, nur leider noch nicht flächendeckend. Doch der Anspruch der Verbraucher steigt, und langfristig wird sich die Branche dem nicht entziehen können. Je früher Immobilienfachleute der hohen Verantwortung gegenüber den Menschen Rechnung tragen, die sich ihnen mitsamt ihrem bestehenden oder zukünftigen steinernen Vermögen anvertrauen, desto besser. In scheinbar schwierigen Situationen, beispielsweise bedingt durch Immobilienknappheit oder mangelnde Käufer, ist es an der Zeit, die Spreu vom Weizen zu trennen. Das ist immer die Chance für die Besten im Geschäft und für eine natürliche Auslese.

Der Makler der Zukunft ist kein reiner Verkäufer mehr, sondern ein umfassender Dienstleister für alle Immobilienanliegen.

Der Dienstleistungsmakler vereinfacht die Kommunikation mit Behörden und Notaren, stellt die Verbindung zu Experten – vom Entrümpler über das Wohngesundheitslabor bis zum Handwerker – her und hat auch weitreichende Kontakte zu Kollegen, um über große Entfernungen tätig zu werden.

Neue Zusammenarbeitsmodelle ermöglichen die Bündelung der Kompetenzen vieler Kollegen, ohne dass die Erlöse des Einzelnen in Gefahr geraten.

Nur wer volles Verständnis für seine Kunden und ihre Bedürfnisse zeigt, wird auf Dauer Erfolg haben.

Das Maklerbusiness ist kein entspanntes Geschäft. Es verlangt vollen Einsatz.

3.3 Makeln Frauen anders?

Gibt es einen Unterschied zwischen Männern und Frauen in der Immobilienwirtschaft? Ja, unbedingt. Frauen verkaufen und vermitteln anders als Männer. Zum Unterschied zwischen Männern und Frauen sowie zu ihren speziellen Ressourcen, aber auch Empfindlichkeiten gibt es unendlich viel Literatur. Warum also sollten diese Besonderheiten gerade in einem so emotional besetzten Feld wie der Immobilienwirtschaft nicht zu spüren sein? Im Geschäftsleben scheint diese Erkenntnis jedoch nur langsam anzukommen. Während im Privatbereich eine ganze Branche von den Unterschieden zwischen Männern und Frauen lebt, werden die Frauen im „harten Business“ immer noch unterschätzt. Immerhin: So mancher traut sich schon, wenn auch mit einem Augenzwinkern, zuzugeben: „Frauen sind die besseren Verkäufer.“ Die angestammte Position möchte allerdings kaum jemand verlassen.

Perfekte Ergänzung

Wo Kolleginnen und Kollegen im Büro zusammenarbeiten, lässt sich die Symbiose ihrer Stärken hervorragend nutzen. Frauen entwickeln eine größere Empathie – was gerade dann von Vorteil ist, wenn es um das emotional besetzte Eigenheim als Raum zum Leben und für die Selbstverwirklichung geht. Frauen kommunizieren sozialer, mehr auf die allgemeine Gesprächssituation und auf den Dialogpartner als Individuum ausgerichtet. Übertragen auf die Immobilie interessieren sich Frauen eher für den persönlichen Anlass eines Verkaufsvorhabens oder für die Geschichte eines Hauses und seiner Bewohner. Sie haben ein offenes Ohr für Befindlichkeiten, persönliche Probleme und Wünsche ihres Gegenübers. Männer kommunizieren dagegen an der Oberfläche, sind also sehr gezielt auf Problemstellungen, Hierarchien und Sachfragen ausgerichtet. Sie steigen schneller in fachliche Diskussionen über Bau- und Gebäudetechnik oder Vermarktungsstrategien ein.

Dies sind angeborene Verhaltensweisen. Wer sich dessen bewusst ist, kann in seiner eigenen Rolle als Mann oder Frau diese Stärken besser ausspielen und darauf achten, dass er die andere Dimension nicht ganz außen vor lässt. Zudem können kooperierende Kolleginnen und Kollegen jeweils ihre speziellen Fähigkeiten an den Stellen einsetzen, an denen sie optimale Ergebnisse erzielen. Das ist in der Summe wirkungsvoller als die Zusammenarbeit von zwei Männern oder zwei Frauen.

Selbstbewusstsein und Selbstkritik

Frauen entwickeln einen besonderen Anspruch an sich selbst, gerade wenn sie in den Maklerberuf starten. Öfter als Männer sind sie mit ihren eigenen Leistungen unzufrieden oder haben das Gefühl, sie seien erst dann gut genug, wenn sie wirklich jedes Detail wissen und beherrschen. „Seit Wochen habe ich mich nicht getraut zu telefonieren, weil ich das Telefontraining noch nicht absolviert hatte und nichts falsch machen wollte“, lautet die typische Aussage einer Teilnehmerin eines Maklerseminars. Männer zeigen dagegen ausreichend Wagemut, um eine Herausforderung auch dann anzunehmen, wenn sie die

Situation noch nicht zu hundert Prozent beherrschen. Sie machen sich eher Gedanken, sich keinesfalls anmerken zu lassen, dass sie gerade erst am Anfang stehen. Der Kommentar eines Maklerkollegen hierzu lautete: „Guter Eindruck bei vollkommener Ahnungslosigkeit." Das kann sich auszahlen, wenn die Aufgabe sich dennoch als beherrschbar herausstellt, kann aber auch der Grund für ein Scheitern sein. Auch hier ist eine gesunde Mischung die beste Lösung: Frauen sollten lernen, dass sie ein Immobiliengeschäft auch mit „nur" 95 Prozent ausgereifter Planung hervorragend betreuen können und dass ein wenig Improvisation dazugehört. Männern hilft es dagegen weiter, wenn sie sich selbst gelegentlich kritisch hinterfragen und Projekte etwas akribischer vorbereiten.

In einer Verhandlungssituation profitieren Frauen davon, dass man ihnen nicht automatisch und nicht in dem Maß wie Männern die Gewinnerzielungsabsicht unterstellt. Gerade in den ersten Gesprächsterminen bauen Frauen schneller eine Vertrauensbasis auf, weil sie anders zuhören und leichter bereit sind, als „Kummerkasten" zu fungieren. Das bedeutet nicht, dass Männer dies nicht können, aber meistens finden sich Frauen leichter in diese Rolle hinein und wirken darin glaubwürdiger.

Arbeitsteilung im Büro

Die Fähigkeit, sich selbst zu hinterfragen, und die Empathie der Frauen bringen allerdings eine höhere Anfälligkeit des Selbstwertgefühls mit sich. Wenn beispielsweise ein Verkäufer sich beschwert, dass der Makler aus seiner Sicht keine ausreichenden Werbeaktivitäten zeigt, obwohl er sich an einen zuvor abgestimmten Marketingplan hält, fallen die Reaktionen meist verschieden aus: Die Frau neigt dazu, den Fehler bei sich zu suchen und den Beschwerden nachzugeben. Der Mann wird eher gewillt sein, den Vorwürfen selbstbewusst entgegenzutreten und auf den vereinbarten Plan zu bestehen. Wo Meinungsverschiedenheiten Frauen unter die Haut gehen, fällt es Männern leichter, Aggressionen einfach abperlen zu lassen.
Stärken und Schwächen von Frauen und Männern ergänzen sich also bestens und gleichen sich aus, wo dies nötig ist. Dazu müssen sie im Team eines Maklerbüros aber wissen, wann sie sich idealerweise die Bälle, das heißt die Gesprächstermine und Aufgaben, zuspielen. Entscheidend sind zudem klare Hierarchien und Kommunikationswege. Weil Frauen eher zum Zweifeln an den eigenen Fähigkeiten neigen, ist es für sie besonders wichtig, dass sie neben der Hauptarbeit mit Menschen und Immobilien nicht auch noch um die eigene Position innerhalb des Büros oder den Zugang zum Informationsfluss kämpfen müssen.

Seriöser Auftritt für Sie

Neben den allgemeinen Grundsätzen für den richtigen Auftritt (siehe Kapitel 1.4) gelten für Frauen einige weiterführende Strategien. Mode sagt bei Frauen ganz besonders viel darüber aus, wer sie sein möchten. Je älter sie jedoch werden, desto wichtiger ist, dass die Mode aussagt, wer sie schon sind. Einen eigenen Stil entwickeln gerade Frauen durch das Weglassen von zu viel Schmuck und zu viel Farbe. Fachkompetenz und die Fähigkeit, ihren Job perfekt zu erledigen, sind die Hauptaussagen, die eine Frau im Maklerberuf mit ihrer Kleidung hervorrufen sollte. Der Kunde muss bereits bei ihrem Anblick überzeugt sein: „Mein Anliegen ist gut bei ihr aufgehoben."

Urgesteine der Businessmode sind der Hosenanzug und das Kostüm, aber auch ein Rock oder eine Hose in der Kombination mit Twinsets, Blusen oder Jacketts. Der Rock steht mehr als die Hose für Weiblichkeit. Klare Linien vermitteln auch beim Rock Kompetenz und Seriosität. Dabei sollte die Rocklänge knieumspielend sein. Ob ein Hauch über oder unter dem Knie, muss jede Geschäftsfrau für sich selbst herausfinden. Hosen sind nicht zuletzt praktisch und erleichtern es, Erotikfallen aus dem Weg zu gehen.

Bei jeder Kleidung muss die Passform stimmen. Andernfalls entsteht kein positives Körpergefühl, was auch die Ausstrahlung auf den Gesprächspartner verschlechtert. Dabei sind die bekannte Konfektionsgröße und die Wahl namhafter Modelabels keinesfalls eine hundertprozentige Garantie dafür, dass die Businesskleidung tatsächlich passt und gut aussieht. Hier kann nur die intensive Anprobe und die Zusammenarbeit mit einer guten Änderungsschneiderei letzte Sicherheit verschaffen.

Schuhe sollten bequem, nicht zu aufwendig verziert und braun, schwarz, dunkelblau oder weiß sein. Auch dezente Pastellfarben gelten inzwischen als angemessen. Tagsüber sollte der Schuh vorne geschlossen sein, abends darf er vorn geöffnet sein, bleibt an der Ferse jedoch unbedingt geschlossen. Eine günstige, nicht behindernde, aber das Bein streckende Absatzhöhe liegt bei vier bis fünf Zentimetern. Tasche, Schmuck und Uhr sollten in der Größe und im Stil zur Trägerin und ihren Proportionen passen. Eine Businesstasche sollte immer einen Schulterriemen haben, um nötigenfalls beide Hände frei zu haben.

Frauen verkaufen anders, weil sie ihren Verhandlungspartner ganzheitlicher als Mensch mit Wünschen und Emotionen wahrnehmen und verstehen.

Männer spielen ihre Stärken bei Sach- und Technikfragen aus.

Frauen neigen zu Perfektionismus und Selbstkritik, Männer zu Risikobereitschaft und Ausfechten von Konflikten.

Die Kombination der Stärken und Schwächen beider Geschlechter ist ein Gewinn für jedes Maklerbüro.

Bei Kleidung und Auftreten ist für Frauen das Finden eines eigenen Stils entscheidend.

Eine gute Passform der Kleidung sowie die Beschränkung auf wenige Farben und Accessoires unterstreichen den persönlichen Stil.

3.4 Die Macht von Stimme und Sprache

Das richtige, wirkungsvolle Sprechen, egal ob am Telefon oder mit einem persönlichen Gegenüber, beginnt schon vor dem Abheben des Hörers oder dem ersten Wort, und zwar mit der richtigen Körperhaltung. Denn die passende Haltung beeinflusst die Stimme positiv und erzeugt einen angenehmen, kräftigen Klang. Dieser ist von Vorteil, denn Menschen hören einer volltönenden Stimme gern zu. Zur optimalen Wirkung der Stimme ist voller Bodenkontakt mit den Füßen entscheidend, im Sitzen wie im Stehen. Die Wirbelsäule wird aufrecht gehalten, der Kopf gerade. Dabei bleibt das Atmen stets entspannt. Im Sitzen ruht der Po in der Mitte des Stuhls. Im Stehen beeinflusst ein leicht nach vorn gekipptes Becken die Stimme positiv.
Demosthenes (um 350 v. Chr.), der wohl bedeutendste griechische Redner, soll seine Stimme gestärkt haben, indem er Kieselsteine in den Mund nahm und gegen die Meeresbrandung anschrie. So weit muss man das Stimmtraining im Immobiliengeschäft nicht treiben. Aber tatsächlich übt das deutliche Sprechen mit einem großen Bonbon oder einem flachen Stein zwischen den Zähnen die Stimme nachhaltig. Auch das Singen trägt zur Stimmbildung bei – im Auto, unter der Dusche oder noch besser fachlich begleitet in einem Chor.

Entspannen, egal wie

Darüber hinaus wirkt sich auch der aktuelle Seelenzustand auf die Stimme aus. Wer eine individuell funktionierende Entspannungstechnik entdeckt hat, verbessert damit auch die Wirkung seiner Sprache. Ob nun autogenes Training, progressive Muskelentspannung, Yoga oder irgendeine andere Technik: Was davon am besten wirkt, ist individuell verschieden.
Nervosität, Anspannung, Angst und Lügen beeinflussen die Stimme negativ. Meist nimmt das Gegenüber diese Belastungen nicht bewusst wahr, aber sie lösen bei ihm unbewusst ebenfalls eine negative Haltung aus. Selbstbewusstsein, Ruhe, Zufriedenheit und Wahrheit lassen dagegen auch die Stimme besser klingen. Grundsätzlich sollte man sich auch am Telefon immer so verhalten, als ob das Gegenüber im Raum wäre.

Auch eine kurze Auszeit von der Bürosituation kann weiterhelfen, insbesondere unmittelbar nach Negativerlebnissen. Wer gerade die Absage eines Geschäfts erleiden musste, geht besser nicht sofort zum nächsten Kundenkontakt über und lässt auch die Akten anderer Objekte erst einmal liegen. Denn der Frust im Hinterkopf erschwert die Konzentration auf das aktuelle Thema und vergiftet das Gesprächsklima. Dann lieber eine Viertelstunde durch den Stadtpark schlendern, in Ruhe einen Kaffee trinken und den ersten Ärger verrauchen oder das problematische Projekt für den Rest des Tages insgesamt ruhen lassen. Danach geht man in aufgeräumter Stimmung wieder an die Arbeit und auf Menschen zu. Effizientes Vorankommen und positive Kommunikation sind gesichert, und sei es auch erst am nächsten Tag.

Mit Wörtern Bilder malen

Neben Körperhaltung, Stimmbildung und Atemtechnik kommt es beim Gespräch auch auf die Inhalte an. „Wischiwaschi"-Sprache hat weder am Telefon noch im persönlichen Gespräch etwas zu suchen. Hilfreich ist dagegen bildhafte Sprache mit Worten, die die Sinne des Gesprächspartners ansprechen. Fühlbare Worte wie „Kontakt, Freude, Wärme, begreifen, halten, fühlen, solide, lichtdurchflutet" lassen positiv besetzte Sprachbilder entstehen. Ähnlich ist es mit bildhaften Worten wie „Perspektive, Panoramablick, leuchten, darstellen, klar, hell" oder mit klanglichen Ausdrücken wie „Stille, Klang, singen, summen, ruhig, sprachlos". Die Beispiele lassen sich beliebig ergänzen (siehe Kapitel 3.8). Diese Herangehensweise wird manchmal auch mit dem Schlagwort „Sprachenergetik" bezeichnet. Dabei geht es darum, das eigene Sprechen empfindsam und intensiv zu analysieren, um verstärkt Wörter zu verwenden, die positive Emotionen auslösen und Kreativität fördern.

Das Gespräch geschickt steuern

Zu Stimme und Sprache kommt die richtige Dialogstrategie hinzu. Die meisten Gesprächspartner haben ein Anliegen. Das Ziel des Verkaufs- und Dienstleistungsexperten ist es, herauszufinden, was dieses Anliegen ist und wie eine passende und schnelle Lösung erreicht werden kann. Fragen und vor allem Zuhören sind die Techniken, die zu diesem Ziel führen.
Dabei hilft die richtige Fragestrategie weiter. Muss die Kommunikation angeheizt, animiert oder eine Wissensbasis aufgebaut werden, sind offene Fragen richtig. Offene Fragen erlauben dem Gesprächspartner, seine Gedankengänge frei zu formulieren und seine Wünsche zu äußern. Sie werden auch „W-Fragen" genannt, nach den Fragewörtern was, wer, wo, wann, wie und warum.
Geschlossene Fragen sind dagegen solche Fragen, auf die das Gegenüber erst einmal nur mit Ja oder Nein antworten kann. Sie sind angebracht, wenn ein Gesprächspartner im Redefluss eher gebremst werden muss oder wenn bekannt ist, welche Informationen noch fehlen, und exakt diese erfragt werden sollen.

Eine wichtige Sonderform ist die rhetorische Frage. Dabei handelt es sich um eine Frage, die eigentlich keine Antwort benötigt, weil sie bereits eine Feststellung bedeutet. Wer so fragt, kennt die Antwort und damit die vermutliche Reaktion des Befragten, stellt die Frage aber aus taktischen Gründen, weil der Gesprächspartner durch seine Antwort die Feststellung noch einmal bekräftigt. Rhetorische Fragen und die bekannte Antwort können auch einige Sekunden Zeit verschaffen, um Gedanken für den nächsten Gesprächsabschnitt zu sammeln. Beispiele: „Sie wollen doch auch, dass der Schulweg für Ihre Kinder kürzer wird?" „Für einen Lebensraum, mit dem sie lange Zeit zufrieden sein möchten, haben Sie doch sicher eine Stunde Zeit, oder?"

Verpflichtung und Alternative

Während die Fragetechniken an verschiedenen Punkten im Gespräch gewinnbringend anwendbar sind, gibt es auch so etwas wie eine übergeordnete Regie, an der man das gesamte Gespräch ausrichten kann. Eine mögliche Strategie ist die Verpflichtungstechnik. Dabei engagiert sich der Makler, um den Kunden zu verpflichten. So klärt er aufgetretene Fragen sofort und ruft zu diesem Zweck den Kunden zügig zurück. Er macht, ohne aufdringlich zu sein, die Intensität seines persönlichen Einsatzes und den Aufwand deutlich, den er für den Kunden betreibt. So bindet man das Gegenüber emotional und löst bei ihm größere Hemmungen aus, zur Konkurrenz zu wechseln oder einen Abschluss auszuschlagen.

Geradezu ein Universalmittel ist die Alternativtechnik. Dabei bekommt der Kunde immer nur zwei Alternativen unterbreitet, beispielsweise bei einer Terminabsprache. Dadurch ist das Gegenüber nur noch mit diesen beiden Möglichkeiten beschäftigt, was die Arbeit erheblich erleichtert.

Richtige Antworten auf Widerstände

Auch wer im Dialog alles richtig macht, wird früher oder später auf Widerstände stoßen. Man kann sie in Vor- und Einwände unterteilen. Vorwände sind Notlügen, mit denen der Gesprächspartner ein bestimmtes Thema oder das Telefonat insgesamt vermeiden will. Einwände sind dagegen gezielt gegen ein Anliegen oder Argument des Maklers gerichtet. Gegen Vorwände hilft hartnäckiges Nachfragen, etwa nach einem Alternativtermin oder nach den noch benötigten Informationen für eine Entscheidung.

Einwände sind tatsächliche inhaltliche Gegenargumente. Grundsätzlich ist es immer einfacher, rationalen Einwänden mit Gegenargumenten zu begegnen. Schwierig wird es, wenn die Einwände auf Gefühlen beruhen. Deshalb sollte es immer das Ziel sein, einen rationalen Kern der Einwände herauszuarbeiten. Wenn beispielsweise aus einem Vorgespräch gewisse Einwände zu erwarten sind, sollte man diese vorwegnehmen, um so eine möglicherweise bereits zurechtgelegte Argumentationskette des Gegenübers entkräften zu können.

In manchen Gesprächssituationen kann es sinnvoll sein, Einwände geradezu herauszufordern. Schließlich ist es besser, sie vorab thematisieren und hoffentlich entkräften zu können, als dass sie beispielsweise erst beim Notartermin zur Sprache kommen. Diese Öffnung des Gesprächs kann mit folgenden Formulierungen erreicht werden: „Kann ich Ihr Schweigen als Zustimmung auffassen?“ „Erscheint Ihnen dieser Vorschlag als gute Lösung?“ „Sind aus Ihrer Sicht noch Fragen offen?“

Von Einwänden nicht einschüchtern lassen

Einwände lassen sich auch mit einer Zustimmung und einem unmittelbar folgenden Gegeneinwand entkräften. Diese Technik funktioniert ähnlich wie die Vorwegnahme, allerdings auf bereits angebrachte Vorwände hin. Zunächst stimmt man dem Kunden zu, nennt aber gleich ein Gegenargument. Dabei ist die Formulierung „Ja, aber“ eher ungünstig.

„Allerdings“, „jedoch“, „obwohl“ und „nur“ sind weniger scharfe Wörter. Als Sprachbilder bieten sich unter anderem an: „Sie haben Recht, nur bedenken Sie ...“, „Ihre Argumente leuchten ein. Haben Sie allerdings berücksichtigt, dass ...“, „Ich kann Sie gut verstehen, jedoch ...“.

Rückfragen erfüllen gegenüber Einwänden drei Funktionen: Erstens vervollständigen sie die Informationen über die Beweggründe des Gesprächspartners und erleichtern damit eine inhaltliche Auseinandersetzung. Zweitens gewinnt man durch Frage und Antwort Zeit, um sich Argumente zurechtzulegen und auf einem Notizzettel zu vermerken. Drittens schwächt ein Gesprächspartner seine Gegenargumente oft ab, wenn er sie umfangreicher darlegt, oder bietet sogar selbst eine mögliche Antwort auf seine Bedenken an. Beispiele für Gegenfragen zum Einwand „zu teuer“ sind unter anderem: „Worauf beziehen Sie den Preisvergleich?“ „Verzeihung, aber um Ihr Argument besser zu verstehen: Was genau meinen Sie mit ...?“ „Das verstehe ich, aber unklar sind mir noch folgende Punkte: ...“

Manche Einwände lassen sich auch umdrehen und aus einem Blickwinkel beleuchten, in dem ein Nach- zum Vorteil wird. So bringt beispielsweise eine schlechte Verkehrsanbindung eines Bauplatzes eine ruhige Wohnlage mit sich. Ein stark renovierungsbedürftiger Baukörper bietet viel Freiraum zur Selbstverwirklichung bei der Ausstattung im Verlauf der Renovierung.

Rückstellung: Nur im Notfall

Im äußersten Notfall lässt sich auf Einwände auch mit Rückstellung und Ablenkung reagieren. Das dient dazu, Zeit zu gewinnen und ein kritisches Thema unauffällig aufzuschieben oder auf ein späteres Gespräch zu vertagen. Dann muss es aber unbedingt behandelt werden, wenn auch idealerweise nach einer eingehenden Vorbereitung mit schlagkräftigen Argumenten. Es handelt sich keineswegs um eine Verschleierung, sondern nur um eine Verschiebung auf den richtigen Zeitpunkt. Beispiele für Rückstellungsformulierungen: „Darf ich später darauf eingehen? Vorher möchte ich noch Folgendes erläutern: ...“, „Erlauben Sie, dass ich Ihre Frage notiere?“ „Lassen Sie mich bitte zuerst noch einige Punkte nennen. Wahrscheinlich werden sich mehrere Ihrer Fragen dabei von selbst klären.“ Bei der Ablenkung manövriert man sein Gegenüber mit anderen, für ihn interessanten Themen von der kritischen Frage weg: „Bitte bedenken Sie auch, dass ...“, „Andererseits ist noch wichtig, dass ...“.

Als letzte Möglichkeit bleibt noch der Griff zur Umkehrungsstrategie. Sie bietet in scheinbar verfahrenen Situationen die Chance, das Ziel doch noch zu erreichen. In diesem Fall übergibt man dem Gegenüber die Steuerung des Gesprächs. Ob dessen Vorschläge akzeptabel sind, muss sich zeigen. Sollte dies nicht der Fall sein, muss eine Einigung zumindest für dieses Gespräch aufgegeben werden. Typische Formulierungen lauten in diesem Fall: „Unter welchen Umständen wären Sie bereit, ...“, „Was kann ich tun, damit Sie zustimmen?“, „Unter welchen Voraussetzungen kaufen Sie?“

Richtige Körperhaltung und Sprech- oder Gesangsübungen geben der Stimme einen angenehmen Klang.

Jeder Makler sollte wenigstens eine individuell wirksame Entspannungstechnik beherrschen.

Bildliche Sprache kommt besser an als abstrakte Formulierungen.

Ein Gespräch lässt sich durch offene und geschlossene Fragen sowie verschiedene Strategien gut steuern.

Bei Einwänden des Gesprächspartners sollten passende Gegenmittel verfügbar sein: Nachfrage, Gegenargumente, Perspektivwechsel, Rückstellung und als letztes Mittel die Umkehrung.

Letztlich dürfen auch sprachliche Kunstgriffe nur dazu dienen, Kunden weiterzuhelfen. Lediglich eine behutsame Steuerung ist zulässig.

3.5 Kompetenz, die man sieht: Körpersprache, Gestik und Mimik

Menschen kommunizieren auch dann, wenn sie nicht reden. Die Mimik, die Gesten und die gesamte Körperhaltung transportieren bewusst oder unbewusst Botschaften. Gelegentlich verraten sie sogar Stimmungslagen und Gedanken, die man lieber vor seinem Gegenüber verbergen möchte. Wer diese nonverbale Kommunikation beherrscht, hat sich ein Werkzeug erarbeitet, um eigene Argumente zu verstärken, ohne dass dem Gesprächspartner das bewusst wird. Zudem bieten Mimik und Gestik Ansätze, um andere Menschen treffend zu analysieren – gerade während Besichtigungen und Verkaufsgesprächen ein entscheidender Vorteil.
Nun stellt sich die Frage, wie der voll eingespannte Makler neben allen anderen Dingen auch noch darauf achten soll. Doch das ist umsetzbar. Jeder Mensch analysiert Körpersprache und Mimik ohnehin ständig, nur eben meist unbewusst. Nach einer intensiven Befassung mit diesen Kommunikationsformen werden wichtige Hinweise in Zukunft eher auffallen und besser zu deuten sein.

Dort, wo man mit Menschen umgeht und verhandelt, ist Körpersprache wichtig. Sie bildet gerade in einem so emotional besetzten Geschäftszweig wie der Immobilienwirtschaft eine nicht zu vernachlässigende Kommunikationsebene. Wenn Menschen kommunizieren, senden sie immer auf allen Frequenzen. Die Körpersprache ist eine Kommunikationsform, die das Unterbewusstsein von Geburt an beherrscht. Man denke nur an den Umgang mit Kleinkindern, die noch nicht reden können. Im Lauf des Erwachsenwerdens vergessen Menschen viele Vokabeln dieser Sprache. Man kann sie aber schnell wieder lernen, schließlich trägt jeder diese Fähigkeit immer noch in sich.

Vom Blick bis zur Sitzhaltung

Besonders wichtig sind Körperhaltung und Gesichtszüge für den ersten Eindruck. Denn sie transportieren innerhalb weniger Sekunden Informationen, die den zwischenmenschlichen Kontakt deutlich stärker prägen als das gesprochene Wort.
Was die Mimik betrifft, ist der Blickkontakt das wichtigste Werkzeug. Blickzuwendung vermittelt Aufmerksamkeit und Freundlichkeit, das Vermeiden des Blickkontakts dagegen Desinteresse und Gleichgültigkeit, aber auch Scheu und Unsicherheit. Ein offener Blickkontakt darf jedoch nicht in Anstarren ausarten, denn das wird meist als aufdringlich und aggressiv empfunden. Wie bedeutend der Blickkontakt ist, zeigt sich schon anhand seiner Auswirkungen auf das vegetative System. Je nach Person und Situation kann der Blick willentlich nicht beeinflussbare Reaktionen wie Erröten, gesteigerten Pulsschlag oder Schwitzen auslösen.

Die eigene Gesprächsführung kann an den passenden Stellen durch folgende mimische Formen unterstützt werden:

- Lächeln – Offenheit, Zugewandtheit
- Blickkontakt halten – Interesse
- Mund öffnen – Erstaunen, Erwartungshaltung
- Augenbrauen anheben – Erstaunen, Neugierde oder Skepsis
- Unterlippe hochziehen – Nachdenklichkeit
- Lippen zusammenkneifen – innere Anspannung
- Pupillen weiten – Interesse

Das Lächeln ist zusammen mit dem Blick das wichtigste Werkzeug. Ein ehrliches, offenes Lächeln bildet fraglos das wirkungsstärkste Instrument positiver Mimik. Allerdings kann Lächeln auch ins Gegenteil umschlagen. Ein starres Dauerlächeln erregt Abscheu, ein aufgesetztes Lächeln ist schnell als solches erkennbar; insbesondere weil die Augen nicht mitlächeln. Angestrengt nach oben gezogene Mundwinkel wirken eher arrogant als freundlich. Zudem ist der Ursprung des Lächelns aus dem Neandertal ein Angriffszeichen, denn die hochgezogenen Mundwinkel (oder auch Lefzen bei den Tieren) bereiten den Lächelnden darauf vor, gleich zubeißen zu können. Der Begriff „Zähne zeigen" bezeichnet ein ähnliches, wenn auch eindeutig aggressives Signal. Das richtige, positive Lächeln kommt von innen. Es lässt sich kaum als Maske imitieren. Auch hier steht wieder die Emotion des Maklergewerbes im Mittelpunkt: Eine freundliche, zugewandte und positive Haltung dem Mitmenschen und Verhandlungspartner gegenüber erzeugt automatisch ein echtes Lächeln. Der Makler, der in Sachen Mimik geschult ist, muss dann nur noch darauf achten, es auch zur Geltung kommen zu lassen.

Beim Gesprächspartner sollte man auf folgende Signale achten:

- zusammengepresste Lippen, vorgeschobenes Kinn – ein langes Gesicht machen: Ablehnung
- gerümpfte Nase – Widerwille, Unlust, Abneigung
- ans Ohrläppchen greifen – Unschlüssigkeit
- leicht zusammengekniffene Augen – Probleme, dem Gespräch zu folgen
- verdecktes Gesicht, gesenkter Blick Verlegenheit
- auffällig häufiger Lidschlag – Unsicherheit, Nervosität

Vergleichbar gibt es auch Grundformen von Stand- oder Sitzhaltungen sowie Gangarten. Zusammengesunkenes Sitzen mit vorhängenden Schultern wirkt kraftlos und introvertiert. Eine offene Haltung im Brustbereich signalisiert dagegen Furchtlosigkeit und Selbstbewusstsein. Sitzen in „Fluchthaltung" auf der vorderen Stuhlkante wirkt unsicher, das Umschlingen der Stuhlbeine mit den Füßen verkrampft.

Signale an den Dialogpartner

Gestik und Körperhaltung können auch antrainiert werden, um so die gewünschte Wirkung zu erzielen. Sie sind außerdem geschlechts- und sogar altersspezifisch: Ein Mann reckt seine Brust, um stark und selbstbewusst zu erscheinen. Eine Frau schlägt die Beine übereinander, weil sie anmutiger wirken will. Ein Jugendlicher hängt lässig auf dem Stuhl, um seinen Protest auszudrücken.
Beim Gehen wirken feste, entschlossene Schritte nahezu immer vorteilhaft. Bei Hand- und Armbewegungen fallen zuerst die offensichtlichen Formen auf, wie der hochgereckte „Okay"-Daumen. Doch die Gestik ist weitaus vielfältiger. Einige in Verhandlungssituationen wichtige Beispiele:

- Fingerkuppen einer Hand aneinanderpressen – Aussage unterstreichen
- Armbewegung oberhalb der Taille – Sicherheit
- Hände in die Hüfte stemmen – Erregung, sich selbst größer machen
- Schläge in der Luft von oben nach unten – Drohung/Ablehnung, Thema zerkleinern/gliedern
- Kinn streicheln – Nachdenklichkeit, Entscheidungsfindung
- mit den Händen ein Spitzdach formen – Sicherheit/Überlegenheit
- ein Spitzdach in Richtung Gesprächspartner formen – Unsicherheit/Angriff
- sich die Hände reiben – Zufriedenheit, Schadenfreude
- mit den Fingern trommeln – Unruhe/Nervosität („Komm auf den Punkt!")
- Hände vor der Brust falten – Unsicherheit/Verkrampfung
- Brille hastig abnehmen – Erregung
- Brille hochschieben – aus dem Gespräch zurücknehmen, Wechsel auf die geistige Ebene

- Aneinanderlegen der Zeigefinger mit aufgelegten Daumen – „doppelläufige Pistole“: Aggression

Wer in die Kunst der Körpersprache einsteigen will, kann sich zum Üben in einem privaten oder geschäftlichen Gespräch zunächst einmal eine Kategorie vornehmen, also beispielsweise nur den Blickkontakt, nur Hand- und Armgesten oder nur die Sitzhaltung. Nun kann man entweder diesen bestimmten Bestandteil der Körpersprache beim Gegenüber genau und bewusst analysieren oder besondere Sorgfalt auf die eigene Körpersprache in dieser Kategorie legen. Nach einigen Trainingsdurchläufen fällt sowohl die Analyse des Gegenübers als auch die eigene Umsetzung spürbar leichter.

Die richtige Distanz wahren

Unbewusste Signale entstehen auch durch den räumlichen Abstand zum Gesprächspartner. Das Gespür für die passende oder falsche Entfernung zu Mitmenschen ist fein ausgeprägt. Wer diese Abstände missachtet, macht sich sofort unbeliebt, insbesondere beim Eindringen in die Intimzone. Aber auch ein Zuruf aus unangemessen weiter Distanz verspielt Sympathien.
In Mitteleuropa erstreckt sich die Intimzone rund 50 Zentimeter vor und hinter einem Menschen. Zur Seite ist sie etwas kleiner. In diesen Bereich dürfen nur besonders vertraute Personen eindringen und andere nur mit ausdrücklicher Erlaubnis. Wie sich die Verletzung der Intimzone auswirkt, kennt jeder aus dem Fahrstuhl: Auf engem Raum vermeiden die Mitfahrenden tunlichst den Blickkontakt. Die Augen suchen angestrengt ein anderes Ziel, die Etagenanzeige oder die Schuhspitzen zum Beispiel. Die zusammengepferchten Menschen fühlen sich bedroht und versteifen sich. Der Fluchtreflex setzt ein, der in dieser Situation selbstverständlich kontrolliert wird.

Die persönliche Distanzzone schließt an die Intimzone an und erstreckt sich rund 1,5 Meter weit. In diesem Bereich werden persönliche Gespräche geführt, ohne dass ein Gefühl der Bedrängung aufkommt. Außen herum legt sich mit einem Radius von drei Metern die öffentliche Distanzzone. In diesem Abstand treten Menschen miteinander in der Öffentlichkeit in Kontakt. Menschen, die man ablehnt, versucht man aus dieser Zone zu entfernen, oder man geht selbst weiter weg als drei Meter.

Punkte sammeln beim Eintreten

Eine Standardsituation ist das Eintreten beim Kunden zu Hause. Nach der Begrüßung schließt man die Tür hinter sich und tritt einen Schritt in den Raum hinein. Dort bleibt man drei bis fünf Sekunden in der passenden Distanzzone zur empfangenden Person stehen, um Blickkontakt aufzunehmen und Respekt zu bezeugen. Nach der dann folgenden Aufforderung tritt man entschlossen in den Raum und setzt sich auf den angebotenen Sitzplatz. Trifft der Einlassende dazu keine Aussage, ist eine Nachfrage seitens des Gastes unbedingt nötig, ob die Wahl des Sitzplatzes freigestellt ist oder ob der Gastgeber einen festen Platz hat. Der Respekt, der diesem auf diese Weise erwiesen wird, schafft den

Nährboden für Vertrauen und die emotionale Öffnung des Gesprächspartners. In dieser kurzen Phase des Eintretens ist der sprichwörtliche erste Eindruck bereits entstanden, der entscheidend für die gesamte weitere Kommunikation mit diesem Gesprächspartner sein wird.
Zusätzliche Herausforderungen ergeben sich beim Kontakt mit Menschen aus fremden Kulturkreisen. Allerdings sind die Übereinstimmungen bei Basisgefühlen wie Angst, Glück, Trauer oder Überraschung sehr groß. Eine gerunzelte Stirn signalisiert beispielsweise in nahezu allen Kulturkreisen Ärger oder Abwehr, Lachen wird weltweit als positives Signal und Sympathiezeichen gewertet. Schwierig wird es mit kultur- und regionalspezifischen Gesten. Beispielsweise kann das Übereinanderschlagen der Beine von Arabern als Beleidigung ausgelegt werden, weil im arabischen Kulturkreis die Fußsohlen als unrein gelten. Vorsicht: Sollten Chinesen zum Kundenkreis gehören oder entsteht ein Kontakt zu ihnen, ist alles anders. Zum Beispiel bedeutet Kopfnicken bei ihnen Ablehnung.

Gesten, Mimik und Körperhaltung transportieren Botschaften und lassen sich im Maklergeschäft sinnvoll nutzen.

Vor allem Blickrichtung und Blickkontakt entfalten im Dialog eine starke Wirkung.

Wer die unbewusste Wahrnehmung und Erzeugung von Körpersignalen trainieren möchte, sollte sich in Gesprächssituationen jeweils eine ihrer Kategorien vornehmen.

Die richtige Distanz zum Gesprächspartner beeinflusst die Dialogsituation grundlegend.

Besondere Aufmerksamkeit verdienen Begrüßung und Eintreten in einen Raum.

Im Kontakt mit Menschen aus anderen Ländern verdienen Gestik und Mimik besondere Aufmerksamkeit, da diese in den verschiedenen Kulturen teilweise ganz unterschiedliche Bedeutungen haben.

3.6 Am heißen Draht: Telefonieren mit Effekt

Das Telefon ist eines der wichtigsten Instrumente im Berufsalltag. Zugleich ist die Kommunikation am Telefon nicht ganz einfach. Schließlich bekommt man das Gegenüber nicht zu Gesicht. Es gilt dennoch, Kundennähe und Service zu verkörpern und Argumente durchzusetzen – alles nur mit Stimme und Gesprächsführung. Viele der Grundsätze aus der allgemeinen Stimm- und Sprachpsychologie sowie der Gesprächsführung (siehe Kapitel 3.5) gelten auch am Telefon, zum Teil dort sogar noch in verstärkter Form.
Die Meldung leitet das Telefonat ein. Sie umfasst, wenn man selbst anruft, das Grüßen des Gesprächspartners und die Vorstellung der eigenen Person. Wer angerufen wird, meldet sich am besten mit dem vollen Namen, zumindest aber mit dem Nachnamen, und grüßt freundlich zurück. Unschön und unpersönlich wirkt es, wenn der Angerufene sich auf den Firmennamen beschränkt und sich als Person nicht zu erkennen gibt oder wenn die Formel „Frau/Herr Nachname" für sich selbst verwendet wird.

Während des Telefonats ist gedankliches Abschweifen strengstens verboten. Vielmehr bleibt man dem Dialogpartner gegenüber stets konzentriert und aufmerksam. Zeichen für mangelnde Aufmerksamkeit sind eine extreme Entspannungshaltung oder das Anfertigen von Zeichnungen auf dem Notizblock. Das wird am anderen Ende der Leitung bemerkt, auch wenn es unsichtbar ist. Aufmerksamkeit vermitteln am besten kurze Wörter wie „Ja", „Nein" oder „Aha". Feedback-Ausdrücke wie „Ahja", „Interessant" oder „Ja, das ist verständlich" signalisieren Beteiligung am Argumentationsaufbau des Gesprächspartners und Engagement für die Sache. Vertiefende Rückfragen wie „Meinen Sie, dass ...", „Habe ich Sie richtig verstanden ..." sowie eine Zusammenfassung des Gesprächs am Ende beweisen, dass man mitgedacht hat, und schließen den Dialog in einer guten Atmosphäre ab.

Der Choleriker und der Verbalterrorist

Besondere Fälle sind aufgebrachte Anrufer, die möglicherweise bereits mit verbalen Entgleisungen ins Gespräch einsteigen. Zwar wäre man im Recht, einen solchen Choleriker zur Ordnung zu rufen. Besser ist es aber immer, trotzdem freundlich zu bleiben und zu versuchen, eine entspannte Stimmlage beizubehalten. Eine gute Formulierung könnte etwa so klingen: „Sie regen sich gerade sehr auf. Besser wäre es, das Thema sachlich zu erörtern. Worum geht es denn im Detail?"
Das größere Problem stellt dagegen der Typ des Verbalterroristen dar. Es ist schwer, gegen jemanden anzukommen, der redet wie ein Wasserfall. Es gibt aber einige wirksame Gegenstrategien. Bei leichten Fällen reicht es oft, wiederholt den Namen zu nennen: „Herr Schäfer ... Herr Schäfer! ... Herr Schäfer!!!". Hartnäckigere Dauerredner kann man unter Umständen in einem Rededuell stellen. Dabei sucht man sich ein Stichwort aus dem Redestrom heraus und entwickelt nun selbst einen möglichst lauten Dauermonolog zu diesem Thema. Sobald das Gegenüber deutlich leiser wird, hat man sich durchgesetzt. Allerdings verbessert eine solche Abwehr das Gesprächsklima nicht.

Die Kunst des Abschieds

Sind alle Fehler vermieden und die wichtigen Fragen geklärt, empfiehlt es sich, in der Abschlussphase ein Resümee zu ziehen und weitere Schritte zu besprechen, etwa so: „Wir können also festhalten: ...“, „Sie wollen also wie folgt vorgehen: ... Habe ich das richtig notiert?“, „Herr Schäfer, ich fasse noch einmal zusammen: ... Ist das so korrekt?“ In der Schlussphase des Gesprächs lässt sich auch die Erreichbarkeit klären. Dazu gehört die Frage, ob man sich beim Anruf in der Firma des Kunden als Makler zu erkennen geben oder lediglich den Namen nennen darf, falls die Telefonzentrale oder ein Kollege des eigentlichen Gesprächspartners abhebt.

Egal ob das Gespräch aus Sicht des Maklers erfolgreich war oder nicht – es sollte positiv enden:

- Ein freundlicher Dank für das Gespräch ist Pflicht – auch dann, wenn das eigene Ziel nicht erreicht wurde.

- Ebenso darf ein Angebot nicht fehlen, sich bei Fragen und Bedarf für weitere Auskünfte direkt persönlich zu melden.

- Beim freundlichen Abschied wird unbedingt noch einmal der Name des Gesprächspartners genannt. Doch Vorsicht vor Übertreibungen: Fällt am Schluss in drei Sätzen fünfmal der Name, wirkt das eher befremdlich.

- Ganz am Ende steht ein guter Wunsch, beispielsweise für eine erfolgreiche Woche oder einen schönen Tag.

Je positiver der Abschluss ausfällt, umso einfacher und besser entsteht für mögliche weitere Gespräche eine gute Basis. Das gilt auch, wenn der erneute Kontakt eher unwahrscheinlich ist: „Man sieht sich immer zweimal im Leben“ ist zwar ein alter, aber kein überholter Spruch. Und gerade wenn man sich im Grunde überhaupt nicht mehr sehen will, wird daraus oft sogar dreimal.

Auch wer Stimme, Wortwahl und Gesprächsregie perfekt beherrscht, ist nicht automatisch erfolgreich am Telefon. Wer geplant einen telefonischen Kontakt herstellt, legt zuvor am besten alle wichtigen Daten und Unterlagen zum Thema übersichtlich und griffbereit auf den Schreibtisch oder öffnet die benötigten Dateien auf dem Computerbildschirm. Die Regeln zum erfolgreichen Telefonieren hält man sich am besten immer vor Augen, beispielsweise auf einem Zettel unter der durchsichtigen Schreibunterlage. Vor allem innerhalb der ersten Minuten eines Gesprächs ist ein sicheres und verbindliches Auftreten entscheidend. Zur Kontrolle der eigenen Mimik und Haltung ist ein gegenüber dem Schreibtisch angebrachter Spiegel hilfreich.

Fakten immer griffbereit haben

Darüber hinaus hilft eine parat liegende Stichwortliste weiter, auf der alle wichtigen Punkte verzeichnet sind, die am Telefon geklärt werden sollen – am besten auf einem einzelnen Zettel, sodass Notizen auf einem anderen Block gemacht werden können und die Grundfragen ohne Zurückblättern sichtbar bleiben. Man muss sich nicht sklavisch an diese Liste halten, sondern pflegt besser eine gesunde Gesprächsatmosphäre. Spätestens in der Schlussphase des Gesprächs wird aber überprüft, ob alle Fragen vollständig beantwortet sind.

Folgende Checkliste neben dem Telefon hilft dabei, das Gespräch Erfolg versprechend zu führen:

- Meldung: Vorstellung und kompakte Schilderung des Anliegens
- Position und Ziele des Gesprächspartners ermitteln
- Gemeinsame Interessen herausarbeiten (Win-win-Situation)
- Wege zum gemeinsamen Ziel anbieten
- Umgang mit Einwänden und Widerständen
- Zusammenfassung
- Positiver Abschluss und freundliche Verabschiedung
- Analyse des eigenen Telefonverhaltens
- Abarbeiten des besprochenen Vorgehens

Eine freundliche Meldung am Anfang kann das gesamte Gespräch und alle weiteren Kontakte mit diesem Verhandlungspartner entscheidend prägen.

Kurze Aufmerksamkeitssignale während der Monologphase des Gesprächspartners schaffen eine gute Telefonatmosphäre.

Unangenehmen Anrufern konsequent, aber höflich entgegentreten!

Ein verbindlicher Abschied schafft eine gute Basis für Folgegespräche.

Themenliste und Unterlagen müssen bereitliegen und dürfen nicht erst während des Gesprächs hervorgekramt werden.

Eine möglichst sofort folgende Nachbereitung hilft dabei, die Ergebnisse des Telefonats für weitere Verhandlungen mit diesem Gesprächspartner sinnvoll zu nutzen.

3.7 Internet und Social Media sinnvoll nutzen

„Social Media" und „Web 2.0" lauten die großen Schlagworte, wenn es um das Internet geht; nicht nur, aber auch im Immobiliengeschäft. Zwar darf angesichts dieser neuen Trends die eigene Maklerwebseite nicht in Vergessenheit geraten, aber es lohnt sich, auch die neuen Internetformate genauer zu betrachten. Denn Social Media und Web 2.0 bedeuten keineswegs das Gleiche, auch wenn es beträchtliche Schnittmengen und viele Mischformen gibt.

Web 2.0: Was heißt das?

Web 2.0 bedeutet, dass Nutzer im Internet nicht nur Informationen konsumieren, wie beispielsweise auf einer Nachrichtenwebseite, sondern auch selbst Inhalte erzeugen. Wikipedia, das Onlinelexikon, an dem jeder mitschreiben kann, ist ein gutes Beispiel für Web 2.0. Aber auch jede Zeitungswebseite, die Kommentare der Leser zu den Nachrichten erlaubt, nutzt ein Element von Web 2.0.

Für den Immobilienvertrieb gibt es zumindest auf der Anbieterseite viele Web-2.0-Portale. Hier wird statt eines Wikipedia-Artikels ein Immobilienangebot eingestellt und den potenziellen Käufern präsentiert. Im Prinzip folgt das weitgehend den altbekannten Marketingmechanismen: Eine gute Überschrift erweckt Aufmerksamkeit, egal ob auf einem Flyer, über einer Anzeige oder als Schlagwort eines Eintrags bei Immobilienscout24, dem größten deutschsprachigen Anbieter, ebenso aber bei Immonet, Immowelt oder wie sie alle heißen.

Der Vorteil besteht in der Reichweite. Theoretisch bieten die großen Immobilienportale Zugang zu Millionen von Kauf- und Mietinteressenten. Besonders gut erschließen sie die Gruppe der Zuziehenden oder der ortsfremden Investoren bei Anlageobjekten, die mit Flyern oder Lokalzeitungswerbung nur schwer zu erreichen sind. Auf der anderen Seite stellt die große Zahl der Einträge im Internet ein Hindernis dar. Schließlich muss der Kunde ein Angebot erst einmal unter Hunderten Ergebnissen finden, die eine Suchanfrage hervorbringt. Umso wichtiger sind treffend formulierte Überschriften und Schlagworte sowie ansprechende Vorschaufotos (siehe Kapitel 2.2.4).

Social Media: Informationsströme richtig steuern

Social Media sind Internetmedien, in denen Benutzer eigene Kommunikationswege anlegen und über sie selbst erzeugte Inhalte verbreiten oder auf Inhalte Dritter hinweisen. Das Musterbeispiel, aber keinesfalls die einzige Plattform dieser Art, ist Facebook. Über sogenannte Freundeslisten legen die Benutzer fest, wer im Netzwerk ihre Aktivitäten sehen kann und von wem sie diese ihrerseits zu sehen bekommen. Immer mehr Immobilienunternehmen sind dort zu finden und starten den spannenden Versuch, diese Plattformen für die Immobilienwirtschaft zu nutzen. In Zukunft kann es ein wichtiger Aspekt

der Konkurrenzfähigkeit sein, in diesen Systemen vertreten zu sein.
Für Makler bietet sich, ebenso wie für andere Unternehmer, der Aufbau einer Social-Media-Firmenseite an. Sie kann in gewissem Umfang mit Foto, Firmenlogos und anderen grafischen Elementen gestaltet werden, ist aber von dem Personenprofil des Maklers getrennt. Das ermöglicht beispielsweise auch, einen Mitarbeiter oder einen externen Dienstleister mit der Pflege der Firmenseite zu beauftragen. Über die Firmenseite können in einer Art Onlinetagebuch Neuigkeiten aus dem Maklerunternehmen veröffentlicht werden, inklusive Fotos oder interessanter Links. Zudem stehen dem Verwalter einer Maklerseite auch Analysewerkzeuge zur Verfügung, über die er beispielsweise das Interesse der Seitenabonnenten für bestimmte Themen näher untersuchen kann.

Richtige Plattform für den richtigen Zweck

Neben Facebook ist der Kurznachrichtendienst Twitter die zweite große Plattform im Bereich Social Media, und das obwohl er gänzlich anders als Facebook aufgebaut ist. Auf Twitter kann man nicht mit Fotos und aufwendig gestalteten Firmen- oder Fanseiten arbeiten. Zudem sind die versendeten Texte auf 140 getippte Zeichen begrenzt – also praktisch auf SMS-Format. Trotzdem ist auch Twitter ein soziales Internetmedium, denn auch dort bestimmen die Nutzer selbst, bei welchen Twitter-Nutzern sie die Kurznachrichten mitlesen. Trotz des puristischen Kurznachrichtenformats hat Twitter eine gewaltige Zahl von Nutzern. Der knappe und schnelle Nachrichtentickerstil ist offenbar gefragt.
Für manche Makler können auch weitere soziale Internetmedien von Interesse sein, beispielsweise die deutlich auf Business ausgerichteten Netzwerke XING und Linkedin. Dort kann eine Präsenz insbesondere hilfreich sein, wenn man sich in erheblichem Umfang mit Gewerbe- und Anlageobjekten befasst. Eine regionale Besonderheit stellt die Plattform Lokalisten dar, die insbesondere in süddeutschen Städten weit verbreitet ist; einen ähnlichen Status hat wer-kennt-wen in Rheinland-Pfalz, Hessen und im Saarland. Dazu kommen Spezialfälle: Wer beispielsweise in Osteuropa aktiv ist, sollte das dort populäre und hierzulande fast unbekannte Netzwerk badoo kennen. Im Grenzgebiet zu den Niederlanden kann der dort beliebte Dienst Hyves interessant sein. Das sind nur Beispiele, die sich noch erheblich erweitern lassen und angesichts der rasanten Entwicklung im Internet schnelle Veränderungen durchmachen.

Ideen für Social Media

Im Immobilienvertrieb können Social-Media-Plattformen lohnend für die Netzwerkarbeit verwendet werden. Allerdings sollte dies immer selektiv geschehen. So bietet es sich an, je nach Sprachregelung der Plattform, verschiedene „Listen", „Streams" oder „Kreise" anzulegen. Einige Anwendungsbeispiele:

- Eine allgemeine Nachrichtengruppe könnte Neuigkeiten aus dem Maklerbüro für alle Geschäftspartner und Interessierten liefern, vielleicht auch mal eine besonders interessante Immobilie vorstellen oder in der Rückschau die Erfolgsbilanz eines spektakulären Abschlusses ziehen. Auch Hintergrund- oder Ratgebertexte sowie Wirtschaftsnachrichten über die sich ändernde Marktsituation, über rechtliche Neuerungen oder Musterurteile rund um die Immobilienbranche sind hier richtig platziert (siehe Kapitel 1.2).

- Ergänzend könnte es eine Angebotsgruppe geben, die nur neue oder erneut hervorgehobene Immobilienangebote enthält, speziell für Kunden auf der Suche nach einem Objekt. Bei einem ausreichend großen Angebot und Kundenkreis lässt sich dies auch weiter aufspalten, beispielsweise nach Eigentumswohnungen, Häusern und Grundstücken oder nach verschiedenen Orten und Stadtvierteln.

- Schließlich lassen sich auch Informanten und Zuträger in einer Gruppe zusammenfassen, über die dann Aktualisierungen des Immobiliensuchprofils kommuniziert werden. Diese Gruppe sollte aber nur für die ausgesuchten Mitglieder sichtbar und zugänglich sein, was sich auf den meisten Social-Media-Plattformen durch entsprechende Einstellungen regeln lässt.

Darüber hinaus übernehmen soziale Netzwerke zum Teil auch die Werbung für das Maklerangebot. Fast alle Plattformen analysieren die Interessen von Menschen, die auf ihnen vernetzt sind, und machen Nutzern entsprechende Angebote. Wer mehrere Abonnenten einer Maklerfirmenseite in seinem virtuellen Freundeskreis hat, erhält automatisch Hinweise auf diese Social-Media-Präsenz. Viel wirkungsvoller sind aber persönliche Hinweise und Verlinkungen, die Gruppenmitglieder ihren Freundeskreisen mitteilen. Wer als Makler seine Social-Media-Repräsentationen regelmäßig mit interessanten, relevanten oder auch mal witzigen Inhalten füllt, animiert zu dieser kostenlosen Marketingform und erhält mehr Aufmerksamkeit.

Zeitaufwand im Auge behalten

Trotz der vielfältigen Möglichkeiten dürfen die Schwachstellen von sozialen Netzwerken jedoch nicht unter den Tisch fallen. Da wäre zunächst der Zeiteinsatz. Jeder, der das Internet nutzt, kennt das Phänomen, wie schnell sich vor dem Bildschirm Zeit unnütz „versurfen" lässt. Diese Gefahr besteht auch bei der professionellen Nutzung von Social Media. Zeiteinsatz und Ertrag müssen deshalb immer in einem richtigen Verhältnis zueinander stehen. Auf der anderen Seite leben die sozialen Netzwerke davon, dass etwas geschieht. Eine Maklerseite bei Facebook und Co. einzurichten und dann nur einmal im Monat eine Neuigkeit zu veröffentlichen, ergibt keinen Sinn. Vielmehr entsteht so der Eindruck der Behäbigkeit, der dem Image schadet. Wer nicht wenigstens zwei- oder dreimal pro Woche Social-Media-Aktivitäten zeigen kann oder will, lässt solche Versuche lieber ganz bleiben.

Das Verhältnis zwischen Aufwand und Ertrag sollte man auch angesichts der Tatsache im Auge behalten, dass einige soziale Medien für ihre Dienste Gebühren erheben, vor allem wenn man mehr als die Basisfunktionen nutzen oder sogar Onlinewerbung schalten will.

Zweischneidiges Feedback

Wer auf entsprechenden Internetplattformen aktiv wird, darf außerdem nicht vergessen, dass Social Media nicht nur Signale ausstrahlt, sondern die Mitglieder von Listen und Gruppen auch für alle sichtbar Feedback geben können und werden. Das ist erwünscht und wertvoll, wenn es sich um Informationen oder Lob handelt. Allerdings kann es jederzeit auch zu kritischen Rückmeldungen kommen, beispielsweise von unzufriedenen Kunden. Darauf muss man souverän und angemessen reagieren können. Ausufernder Streit oder das Abwürgen von Diskussionen geben in der Öffentlichkeit eines sozialen Netzwerks ein äußerst schlechtes Bild ab.
Vor allem aber gilt es eines zu bedenken: Auch wenn diese Kommunikationsform sich immer weiter verbreitet und kaum noch jemand umhinkommt, sich dieser zu bedienen oder sich daran zu beteiligen, ersetzt auch die beste Social-Media-Plattform nicht den persönlichen Kontakt. Wer mit seinen Zuträgern nur noch per Onlinekurznachricht kommuniziert und nie mit ihnen einen Kaffee trinken geht, wird sie über kurz oder lang verlieren. Wer Immobilieninteressenten nur noch per Sammelmail anspricht, statt sie bei einem passenden Angebot anzurufen, verspielt seinen Ruf als engagierter Berater.

Zum Glück sind Makler in einem Unikatsegment tätig und trotz aller bisher schon erfolgter Versuche als Menschen nicht ersetzbar. Letztlich werden auch Internetmedien die Wahrheit der Branche und des Berufsbilds nicht verbiegen: Eine Immobilie, ein Zuhause wird nach einer persönlichen Besichtigung und emotionaler Wahrnehmung gekauft. Dies unterscheidet den Immobilienvertrieb klar von abstrakten oder Serienprodukten, bei denen die Entscheidung nicht durch Erleben fallen muss.

Webseite: Die Maklerfiliale im Internet

Die neuen Internetkommunikationsformen lassen die gute alte Maklerwebseite fast schon überholt erscheinen. Das ist sie aber keineswegs. Die Webseite ist die Hauptniederlassung des Maklers im Netz. Alle Bemühungen auf dem Gebiet von Web 2.0 und Social Media haben nicht zuletzt den Zweck, Interessenten auf die Maklerwebseite zu lenken, denn nur dort besteht die unbegrenzte Gestaltungsfreiheit für die Art, in der sich der Immobilienexperte präsentiert. Das kann von der relativ statischen Darstellung der Dienstleistungen und Qualifikationen mit einigen gefälligen Fotos bis hin zu einer eigenen Datenbanklösung reichen, über die Stammkunden über einen passwortschützten Zugang das aktuelle Immobilienportfolio abrufen können.

In den meisten Fällen wird der Internetauftritt zwischen den beiden Extremen liegen. Technische Lösungen zum Gestalten und Verwalten von Websites gibt es inzwischen in vielfältigen, auch von Computerlaien vergleichsweise einfach bedienbaren Formen. Ein Beispiel ist die Software Wordpress, die eigentlich für Weblogs gedacht ist, aber auch für alle anderen Arten von Webseiten ihren Zweck erfüllt. Wer mit komplizierteren Strukturen oder grafischen Erscheinungsformen arbeiten möchte, sollte sich professionelle Hilfe von einem Webdesigner holen – zumindest beim anfänglichen Aufbau der Seite. Die kontinuierliche Pflege im Dauerbetrieb ist über ein modernes Content Management System in aller Regel mit geringerem Aufwand und ohne Programmierkenntnisse zu bewältigen.

SEO: Was ist das?

Ein wichtiges Thema ist die Suchmaschinenoptimierung, auch SEO genannt nach dem englischen Begriff „search engine optimization". Darunter versteht man eine Gestaltung, die die Webseite möglichst weit oben in den Ergebnissen von Suchmaschinen platziert. SEO funktioniert hauptsächlich über sogenannte Keywords. Das sind die Begriffe, die ein potenzieller Kunde vermutlich in eine Suchmaschine eingeben wird. Darunter wird im Regelfall die Region oder die Stadt sein, in der der Makler aktiv ist. Aber auch Wörter wie „Hauskauf", „Immobilie", „Baugrundstück", „Einfamilienhaus", „Eigentumswohnung", „Kapitalanlage", „Miete", „Mietwohnung" können Keywords sein. Letztlich hängt die Wahl der Schlüsselwörter vom Maklerprofil ab. Wer vor allem bei Gewerbeimmobilien aktiv ist, benötigt andere Keywords als ein ausgesprochener Wohnimmobilienmakler. Wenn man auch vereidigter Gutachter ist, sollten sich diese Dienstleistungen ebenfalls in den Schlüsselwörtern wiederfinden, ebenso eine Qualifikation als Energiegutachter oder eine Spezialisierung auf Bauträgermodelle.

Doch was tun mit den Keywords? Sie sollten häufig im Text der Webseite auftauchen. Doch Vorsicht: Vor allem der Marktführer Google hat seine Suchmascheine inzwischen so programmiert, dass sie das wilde und sinnlose Zupflastern der Webseite mit SEO-Keywords treffsicher erkennt und mit einer Abwertung des Suchergebnisses bestraft. Moderne Suchmaschinen vollziehen überraschend gut nach, was Menschen als gut lesbaren und informativen Text auffassen. Am besten bestückt man Webseiten mit gut geschriebenen Beiträgen, die die Keywords reichlich zur Geltung kommen lassen, ohne die Regeln des guten Stils und der Grammatik zu verletzen.

Google belohnt Aktivität

Weitere wichtige SEO-Elemente sind eine gute Verlinkung und die Dynamik der Seite. Je mehr Links von außen auf die Seite führen, desto höher steigt sie im Suchmaschinenranking. Zu Verlinkungen animiert man die Webgemeinschaft am besten mit relevanten und interessanten Inhalten. Auch sichtbares Engagement des Maklers in sozialen Netzwerken oder Fachforen führt zu mehr Internetaufmerksamkeit für die Webseite.

Ähnlich ist es mit der Dynamik: Suchmaschinen belohnen Webseiten, die regelmäßig Neuigkeiten veröffentlichen. Das spricht ein Stück weit gegen die statische Visitenkartenwebseite. Allerdings macht es auch reichlich Arbeit, regelmäßig eine „Immobilie der Woche" auszuarbeiten oder Ratgebertexte für Bauherren oder Hauskäufer zu verfassen. Natürlich gibt es auch zu diesem Zweck Dienstleister. Ob sich Zeit und Geldaufwand für die Dynamisierung der Webseite lohnen, sollte jeweils genau abgewogen werden.

Inhalt zählt und motiviert Stammkunden

Bei allen SEO-Überlegungen muss immer klar bleiben: Es kommt auf den Inhalt an. Potenzielle Kunden mögen durch optimales SEO zielsicher auf die Maklerwebseite gelenkt werden. Wenn sie dort aber keine Informationen finden, die ihnen einen Mehrwert bringen, werden sie schnell wieder verschwunden sein und erst recht nicht den persönlichen Kontakt aufnehmen, der das eigentliche Ziel ist. Als Vorbild bieten sich die Webseiten großer Maklerfirmen an. Wer sich, natürlich im Rahmen der eigenen Möglichkeiten, an ihrer Mischung aus Eigenpräsentation, Immobilienvorstellung und Ratgeberthemen orientiert (siehe Kapitel 1.2), kann nicht viel falsch machen. Vor allem ist eine nutzwertige Webseite mit regelmäßigen Aktualisierungen ein wichtiges Verbindungsglied zwischen Makler und Stammkunden. Wer als Immobilienbesitzer nützliche und vor allem immer wieder neue Tipps von der Webseite seines Maklers bekommt, schaut gern wiederholt auf die Homepage und bleibt seinem Stammmakler auch treu, wenn er Unterstützung in geschäftlichen Dingen benötigt.

Die Webseite muss immer wieder zur persönlichen Kontaktaufnahme mit dem Makler animieren. Telefonnummer und E-Mail-Adresse sollten von jedem Punkt der Internetpräsenz aus erreichbar und sichtbar sein. Die Texte müssen ebenfalls die Vorteile eines direkten Gesprächs mit dem Makler unterstreichen. Denn letztlich erledigt auch die beste Webseite nicht das Maklergeschäft. Es ist und bleibt ein Geschäft mit Menschen und zwischen Menschen. Deshalb kann es nur im persönlichen Kontakt funktionieren.

Social-Media-Plattformen können die Bekanntheit eines Maklers deutlich erhöhen und ein wichtiges Element seiner Netzwerkarbeit werden.

Social Media hat auch kritische Seiten, unter anderem mögliches negatives Feedback und ein hoher Zeitaufwand im Verhältnis zum Ergebnis.

Die zentrale Repräsentanz im Internet bleibt die eigene Maklerwebseite.

Suchmaschinenoptimierung und ein echter, ständig aktualisierter Nutzwert für die Seitenbesucher sind unerlässlich für eine erfolgreiche Maklerwebseite.

3.8 Wie der Kunde tickt: Werbepsychologie kompakt

Wer sich mit Werbung befasst, beginnt am besten mit einem Selbstexperiment: Was genau kaufen wir, wenn wir auf Werbung reagieren – egal ob für Autos, Kosmetik oder andere Produkte? Wer ein wenig ehrlich gegen sich selbst ist, muss zugeben, dass Werbung nicht wegen aufgeführter Fakten zum Produkt oder zur Dienstleistung funktioniert, sondern durch das Hervorrufen von Emotionen. Jugend, Schönheit, Erfolg, Anerkennung: Das sind die zentralen Botschaften der Werbung. So gelingt Werbung auch in der Immobilienbranche. Hier geht es um Emotionen, die mit der Immobilie verbunden sind, von Freiheit bis Prestige. Wer sich dies vor Augen hält, findet den richtigen Zugang zur Werbung.
Werbung orientiert sich an ihren Zielgruppen. Es gibt keine Werbestrategie, die alle Menschen gleichermaßen anspricht. Oder umgekehrt: Werbung, die jeden unterschiedslos ansprechen will, wird niemanden richtig erreichen. Dazu sind die Menschen einfach zu unterschiedlich; erst recht wenn es um eine höchst individuelle und gefühlsbesetzte „Ware" wie eine Immobilie geht.

Die Vorbereitung eines Erfolg versprechenden Marketings beginnt bereits vor dem Abschluss des Vermarktungsvertrags. Denn oft bietet der spontane, unverstellte Eindruck, der bei der ersten Besichtigung einer Immobilie entsteht, wichtige Fingerzeige für die spätere Werbestrategie. Zwar sollte man aus arbeitsökonomischen Gründen nicht zu viel Arbeit in ein Objekt investieren, bevor der Vertrag mit dem Besitzer in trockenen Tüchern ist, aber ein paar Minuten Zeit für Notizen sind nach der Besichtigung in jedem Fall angebracht. In diese Kurzcharakteristik gehört nicht nur die harte Faktenbasis, sondern auch das Bauchgefühl, das die Immobilie auslöst.

Die Zielgruppen: Grundlage für alles

Ist der Auftrag dann übernommen, beginnt der Makler sofort mit dem Aufstellen einer Plus-Minus-Liste (siehe Kapitel 2.2.1). Auch wenn gerade andere Aufgaben drängen, muss die Liste zügig in Angriff genommen werden. Da viele Eindrücke noch frisch sind, entsteht schneller eine treffendere Aufstellung der Vor- und Nachteile, als wenn sie später mühsam aus Unterlagen und mit einem eventuell nötigen Zusatztermin rekonstruiert werden müsste. Darauf folgt die Zielgruppenermittlung auf der Grundlage der Minuspunkte. „Für wen fallen die scheinbar erschwerenden Momente nicht so sehr ins Gewicht? Für wen werden sie vielleicht sogar zum positiven Kaufargument?", lauten die Leitfragen.

Aus den Antworten ergeben sich die Zielgruppen und zugleich die Gewichtung der Immobilienkaufmotive, die sich in fünf Aspekten zusammenfassen lassen:

- Sicherheit – „Im eigenen Heim sicher wohnen.", „Hier sind Sie sicher.", „Sichern Sie Ihr Vermögen ab."

- Freiheit – „Hier können Sie sich frei entfalten.“, „Endlich mietfrei.“ „Genug Platz für alle.“

- Altersvorsorge – „Die besten Jahre genießen in den eigenen vier Wänden.“

- Kapitalaufbau/Anlage – „Jetzt profitieren vom Wertzuwachs.“, „Erster Schritt zum Eigenheim.“

- Prestige – „Hiermit können Sie sich sehen lassen.“, „Wohnen wie Fürst XY.“

Diese Kaufmotive sind grundsätzlich immer und bei jedem von jeher vorhanden. Nur dominiert im Regelfall je nach Alter, Lebensumständen und persönlichen Vorlieben der potenziellen Kunden sowie der aktuellen wirtschaftlichen Entwicklung nur eines der Motive. Umgekehrt kann eine Immobilie durchaus unter mehreren dieser Gesichtspunkte attraktiv sein. Bei der Ausformulierung der identifizierten Kaufmotive helfen dann die Pluspunkte aus der Plus-Minus-Liste weiter.
Dem Aspekt „Sicherheit“ kommt in der derzeitigen Wirtschaftslage eine besondere Rolle zu. Die krisensichere Anlage in Immobilien ist gewissermaßen ein Leitmotiv, das sich in nahezu jeder Werbekampagne wiederfinden sollte. Zum derzeit historisch niedrigen Zinsniveau findet sich beim Stichwort „Freiheit“ ein aktueller Bezug. Schließlich kann eine Finanzierung im Moment zum Teil monatlich sogar günstiger sein als die Mietzahlungen für ein vergleichbares Objekt. Fast genauso bedeutsam ist die Altersvorsorge. Hier spielen seit Jahren laufende staatliche Kampagnen und Gesetzesreformen für private Altersvorsorge Maklern ein wichtiges Argument zu. Wer kennt den Spruch nicht? „Die Rente ist sicher.“ Eine bezahlte Immobilie als Zusatzrente erfüllt dieses Versprechen ganz bestimmt.

Kreativ mit Signalwörtern

Oft lohnt es sich, einfach ein paar Wortspielereien zu wagen und dann die Schlüsselbegriffe herauszugreifen, die am besten zum betreffenden Objekt und der identifizierten Zielgruppe passen:

- Wie beschreibt man Sicherheit? Gewähr, Garantie, Vertrauen, Nestwärme, behütet sein, Geborgenheit, Obhut, Vertrautheit, Gewissheit, Existenz, Sein, Abschirmung, Beständigkeit, Prägnanz.

- Wie beschreibt man Freiheit? Unabhängigkeit, Entfaltung, Selbstbestimmung, Autonomie, Eigenständigkeit, Freizügigkeit, Bewegungsfreiheit, Spielraum, Wirkungskreis, Entwicklungsmöglichkeit, Raum, Auslauf, Privileg, Selbstbestimmung.

- Wie beschreibt man Altersvorsorge? Alterssicherung, Altersversorgung, Vorsorge, Ruhegeld, Pension, Altersversicherung, Ruhegehalt, Souveränität, Früchte der Arbeit genießen.

- Wie beschreibt man Kapitalaufbau? Kapitalanlage, Finanzkraft, finanzielle Verfügungskraft, Aufbau, Finanzplan, finanzielle Verfügbarkeit.

- Wie beschreibt man Prestige? Nimbus, Reputation, Image, Ansehen, Rang, Achtung, Anerkennung, Profil, Renommee, Einfluss, Klasse, Niveau, Relevanz, Qualität, Anklang, Referenz, Gewicht, Stärke, Einwirkung, Vermögen, Wertschätzung, Autorität, Kreativität.

Dies ist nur eine begrenzte Auswahl an möglichen motivbeschreibenden Synonymen. Immobilienvertrieb und -marketing ist, wie jeder Unikatsvertrieb, angewiesen auf die Vorstellungskraft des handelnden Maklers. Diese Beispiele sollen nur eine Anregung sein. Wer seiner Kreativität freien Lauf lässt, kann diese Listen schier endlos ergänzen.

Individuelle Sprache für individuelle Käufer

Jeder Werbeauftritt für eine bestimmte Zielgruppe muss sich auf ein Kaufmotiv konzentrieren. Ein Beispiel: Die Werbung für eine Eigentumswohnung in einer Universitätsstadt kann unter dem Motto „Freiheit" auf eine junge Zielgruppe ausgerichtet werden. Mit dem Argument der guten Vermietbarkeit angesichts steigender Studentenzahlen kann die Werbung für das gleiche Objekt aber auch weitgehend auf den Kapitalaufbau ausgerichtet werden. In diesem Fall zielen Strategie und Gestaltung des Marketings eher auf eine ältere Zielgruppe. Natürlich können und müssen beide Zielgruppen parallel angesprochen werden, allerdings mit zwei getrennten Kampagnen.

Zielgruppenorientierte Werbung lebt von den motivbezogenen Signalwörtern, die die entscheidenden Emotionen auch tatsächlich ansprechen. Ein Käufer wie auch Verkäufer kann erwarten, dass seine auslösende Motivation ernst genommen wird. Ungeachtet der fünf Hauptmotive gilt es, im persönlichen Gespräch schnell die ganz individuellen Motive des Verhandlungspartners zu erkennen und diese dann zum Leitmotiv des Dialogs zu machen: Muss ein Verkäufer eine verwickelte Situation bewältigen, dann braucht er Lösungen oder Entlastung. Dann bietet es sich natürlich an, im Gespräch mit ihm eben dieses Wort zu verwenden: „Entlastung". Will ein Verkäufer sich vergrößern, setzt er auf Fortschritt. „Fortschritt" wird in diesem Fall zum Schlüsselwort des Maklers für die Kommunikation mit diesem Kunden. Will ein Verkäufer an einem anderen Ort handlungsfähig werden, dann heißt das Motiv ganz klar „Freiheit". Ein Käufer, der aus einer belastenden Mietsituation (Ärger mit dem Vermieter, Schimmelbefall, Nebenkosten) aussteigen will, sucht „Unabhängigkeit" oder „Investition in die eigene Zukunft". Diese Motive muss der Makler wörtlich auf den Punkt bringen. Ein Käufer, der eine repräsentative Immobilie sucht, verwirklicht möglicherweise einen Traum, benötigt eine auch geschäftlich vorteilhafte Selbstdarstellung, will die karge Freizeit in Luxus genießen oder sich zeigen und bewundert werden. Die logisch folgenden Signalworte sind: Erholung, Belohnung, Anerkennung, Bewunderung, zur Ruhe kommen.

In üblichen Immobilienpräsentationen finden sich immer wieder die gleichen abgedroschenen Floskeln. Sie beweisen, dass man sich mit der infrage kommenden Zielgruppe, genauer gesagt mit ihren Motiven und Gefühlen, nicht auseinandergesetzt hat. Eine gute Verhandlungs- und Vermarktungsstrategie beginnt damit, dass der Makler sich in den Käufer oder Verkäufer hineinversetzt. Wer das Umfeld und die Lebensweise seines Gegenübers kennt, versteht, was er eigentlich will. Gelingt dies, fällt es leicht, diese Motive in Worte zu fassen und damit die richtige Ansprache für diesen ganz speziellen Menschen oder diese ganz spezielle Familie zu finden.
Keine Ermittlung kommt ohne die Suche nach dem Motiv für eine bestimmte Handlung aus. Warum glauben Makler, ohne Wissen über das Motiv das Geeignete auf die richtige Art präsentieren zu können – Verkäufern wie Käufern?

Werben mit AIDA

Für alle Werbestrategien gilt: Beworben wird nicht die Sache, sondern die Emotion, die dahintersteht. Dabei hilft die bewährte Werbeformel „AIDA":

- **A**ttention – Aufmerksamkeit erzeugen
- **I**nterest – Interesse wecken
- **D**esire – Drang auslösen
- **A**ction – zur Tat auffordern

All das muss der Werbeauftritt erreichen, und das in möglichst kurzer Zeit. Dabei ist die „Action" immer gleich: Der Angesprochene soll persönlichen Kontakt mit dem Makler aufnehmen. Je mehr Adressaten dies tatsächlich tun, desto besser. Sache des Maklers ist es dann, vielversprechende Bewerber auszuwählen (siehe Kapitel 2.2.2). In der Vergangenheit wurde immer wieder versucht, die altbewährte, funktionierende Formel durch modernere zu ersetzen oder sie umzubenennen. Erst als alle diese Versuche scheiterten, fand man zurück zur ursprünglichen und heute wie damals funktionierenden Bezeichnung.

Mut zur Lücke

Ein Kunstgriff, um die Kontaktaufnahme herauszufordern, ist das Weglassen einer zentralen, aber nicht unbedingt verpflichtend nötigen Information. Dafür bietet sich beispielsweise der Quadratmeterwert an, wenn die Zimmerzahl genannt wird. Wer erst einmal auf die Print- oder Onlineanzeige, den Aushang oder den Flyer aufmerksam geworden ist und sich einige Sekunden lang mit der Botschaft befasst hat, wird dann stutzig und nimmt vermutlich schon aus Neugier Kontakt mit dem Immobilienverkäufer auf. Und nur darum geht es: um den Kontakt zur richtigen Zielgruppe.

Auch in der Immobilienbranche hängen viele Akteure der irrigen Annahme an, dass eine Werbepublikation bereits dem Verkauf dient. Das ist falsch. Sie soll ausschließlich den Anreiz zur Kontaktaufnahme mit dem Makler geben. Je mehr Kontakte sich ergeben, desto besser. Zwar lässt sich die beworbene Immobilie nur einmal verkaufen, aber viele Kontakte ermöglichen überhaupt erst die Auswahl des optimalen Käufers, die dem Verkäufer ja zugesagt ist. Außerdem bietet ein Interessentenüberhang eine Gelegenheit, weitere Immobilien ähnlicher Art und Lage an den Mann zu bringen.

Passgenau für die Zielgruppe arbeiten

Bei dem meist telefonischen Erstkontakt mit Interessenten müssen Makler genau erfassen, durch welche zielgruppenspezifische Werbebotschaft und auf welchem Werbekanal der Gesprächspartner sich angesprochen gefühlt hat. Für Makler, die länger am Markt sind, ergeben sich daraus Erfahrungswerte, welche Medien bei welcher Zielgruppe funktionieren. Das ist unverzichtbar für spätere Aktionen, nicht zuletzt unter dem Kosten-Nutzen-Aspekt.

Diese Information liefert zudem einen wichtigen Hinweis darauf, wie das Analysegespräch, die Besichtigung und sogar die abschließenden Preis- und Vertragsverhandlungen zu führen sind, wobei die genaue Ausrichtung so individuell wie der Kunde und die Immobilie ist. Das Argument „Kapitalaufbau" muss mit einem Unternehmer, der sich für ein Mehrfamilienmietobjekt interessiert, ganz anders besprochen werden als mit einem Berufseinsteiger, der eine Eigentumswohnung erwirbt und mit einem späteren Verkaufserlös das Einfamilienhaus finanzieren will.

Zumindest indirekt ergibt sich aus den Immobilienkaufmotiven auch die Auswahl des Werbemediums. Wer Wert auf Prestige legt und das nötige Geld investieren kann, lässt sich zielgenau über Anzeigen in renommierten Zeitungen oder Magazinen ansprechen. Marketing per Internet kann bei dieser Gruppe sogar kontraproduktiv sein. Für eine junge, Unabhängigkeit suchende Zielgruppe drängen sich dagegen die einschlägigen Webportale geradezu auf, dazu Anzeigen im Stadtmagazin oder Aushänge am Schwarzen Brett in der Uni. Eine bürgerliche Schicht, die mit einem kleineren Mietobjekt Kapital sichern und aufbauen möchte, erreicht man gut und kostengünstig mit Briefkastenflyern in der erweiterten Nachbarschaft einer Immobilie.

Anhand der Plus-Minus-Liste einer Immobilie entsteht die Werbestrategie entlang der fünf Grundkategorien Sicherheit, Freiheit, Altersvorsorge, Kapitalaufbau und Prestige.

Die folgenden Marketingkampagnen müssen jeweils einen klaren Fokus setzen und nicht unscharf alles abzudecken versuchen.

Auch Kaufinteressenten lassen sich anhand der fünf Grundmotive einteilen und passend dazu behandeln.

Jede Werbung zielt darauf ab, eine Kontaktaufnahme mit dem Makler auszulösen.

Der Kontakt mit Interessenten ist eine gute Gelegenheit zur ständigen Wirkungsanalyse von Werbebotschaft und -mitteln.

4. Ausblick

Das Immobiliengeschäft ist vielschichtig und dynamisch. Denn obwohl Häuser für mindestens eine Generation gebaut werden, ändern sich rechtliche Rahmenbedingungen und Wohnvorstellungen der Menschen immer wieder. Die Marktlage und die Finanzierungskonditionen befinden sich ohnehin in ständiger Bewegung. Dazu kommen neue technische Bedingungen. Noch vor dreißig Jahren hat sich Wärmedämmung wenn überhaupt auf etwas Glaswolle rund um die Heizungsrohre beschränkt. Heute ist das wärmedichte Einpacken von Häusern zum regelrechten Volkssport geworden. Ein noch jüngerer Trend ist das möglichst gesunde, schadstoff- und allergenarme Wohnen.

Über alle diese Entwicklungen muss sich ein guter Immobilienverkäufer ständig auf dem aktuellen Stand halten, um Geschäftspartner kompetent und verantwortungsvoll betreuen und beraten zu können und um die eigene Objektakquise zeit- und marktgemäß zu halten. Vor allem zur rechtlichen und steuerlichen Entwicklung ist eine ständige Fort- und Weiterbildung unerlässlich. Das betrifft nicht nur den Inhalt, sondern auch die Frage, in welchem Umfang man als Makler überhaupt zu diesen Themen beraten darf, ohne im Revier von Anwälten und Steuerberatern zu wildern.

Selbst wer als Makler sein Handwerkszeug und die Verkaufspsychologie perfekt beherrscht, hat nie ausgelernt. Ständige Weiterbildung tut not. Auch hier sind Selbstdisziplin und Konsequenz (siehe Kapitel 3.1) gefragt. Wer meint, auf das Lesen von Fachartikeln und -büchern sowie auf eine gelegentliche Weiterbildung verzichten zu können, versucht am falschen Ende Zeit und Geld zu sparen. Schon in einer überschaubaren Zeit wird er hinter die Kollegen zurückfallen. Natürlich reicht es nicht, Fachtexte zu lesen und Seminare zu belegen. Makler müssen auch den Mut und die Beweglichkeit aufbringen, die daraus gewonnenen Erkenntnisse in den täglichen Arbeitsabläufen umzusetzen, auch wenn das den Abschied von Gewohnheiten bedeutet. Hier gilt es, bewährte Praxis und neue Ansätze gewinnbringend miteinander zu verknüpfen.

Eine Erfolgsstrategie kann die Spezialisierung sein, insbesondere beim Geschäft in größeren Ballungsräumen. Erstens ist dort die Konkurrenz zu zahlreich, um als Feld-, Wald- und Wiesenmakler große Erfolge feiern zu können, und zweitens bietet die Großstadt genügend Objekte und Kunden, um sich fachkundig auf eine bestimmte Immobiliensparte, ein Preissegment oder eine spezielle Kundschaft konzentrieren zu können. Neben dem Verkauf von Wohnobjekten, auf dem für die meisten Makler der Fokus liegt, sollten andere, hochinteressante Marktsegmente nicht in Vergessenheit geraten, beispielsweise vermietete Immobilien zur Kapitalanlage, Mischobjekte für Wohn- und Gewerbenutzung und ganz allgemein der Gewerbeimmobilienmarkt.

Ständige Weiterbildung hält Makler marktfähig und erfolgreich.

Wichtige Weiterbildungsfelder sind unter anderem Bautechnik, Wohngesundheit, Handels- und Immobilienrecht. Darüber hinaus gilt es, auch jederzeit die allgemeine Wirtschaftsentwicklung im Blick zu behalten.

Eine Erfolgsstrategie kann die Spezialisierung auf ein bestimmtes Marktsegment sein.

Formular 1: Objektnachweis und Courtagevereinbarung

Herrn/Frau/Firma

....

....

ist durch die Firma (Firmenname Makler, Adresse) folgendes Objekt nachgewiesen worden:
Anschrift Objekt:

....

....

Anschrift Verkäufer/Vermieter:

....

....

Objektart: ....

Kauf-/Mietpreis: ....

Ich/wir bestätige/n, Kenntnis von vorstehender Gelegenheit zum Abschluss eines Vertrages über (Firmenname Makler) erhalten zu haben.

Alle mir/uns gemachten Angaben werden vertraulich behandelt. Eine Weitergabe des Angebots an Dritte macht schadenersatzpflichtig.

Die Angaben sind unverbindlich, sie erfolgen im Namen des Verkäufers/Vermieters, insoweit ist Irrtum vorbehalten.

Erfolgt ein Vertragsabschluss, werde/n ich/wir – unbeschadet eines Entgelts der Gegenseite – eine Käufercourtage von xx % inklusive gesetzlicher Mehrwertsteuer vom Kaufpreis und etwaiger Nebenleistungen zahlen (xxx Euro). Diese Courtage ist fällig bei Abschluss des Vertrages.

Dem Abschluss eines Kaufvertrages entspricht die Übertragung von realen oder ideellen Anteilen oder der Erwerb eines anderen, vergleichbaren Objekts des Verkäufers.

Wird für das nachgewiesene Objekt ein Mietvertrag abgeschlossen, so werden xx Monatsmieten inklusive gesetzlicher Mehrwertsteuer als Mietcourtage fällig.

Der/Die Unterzeichnende/n hat/haben eine Durchschrift dieses Schreibens erhalten und erkennt/erkennen vorstehende Bedingungen an.

Ort, Datum, Unterschrift ....

Formular 2: Notarterminvorbereitung

Notariat: ....

Termin: ....

Käuferdaten:
Anschrift:

....

....

Er:
Name: ....
Vorname: ....
geboren am: ....

Sie:
Name: ....
Vorname: ....
geboren am: ....

Objektdaten:

Art: ....

Anschrift: ....

Band:..
Blatt: ....
Flur: ....
Flurstück: ....

Kaufpreis: .... Euro
Courtage: .... Euro

Übergabetermin:.......................................

Sonstige Vereinbarungen/Klauseln: ....
....
....

Formular 3: Hauskaufvertrag

I. Grundbuchstand

Amtsgericht ...., Grundbuch von..................., Blatt ....,

Lfd. Nummer ....,Flur ...., Flurstück ....,

Eigentümer: ....

Der Grundbesitz ist wie folgt belastet:

Abteilung II:

Abteilung III:

Dies vorausgeschickt, erklären die Vertragschließenden zur Niederschrift
des Notars den nachfolgenden

II. Kaufvertrag

1. Kaufgegenstand

....
– nachstehend „der Verkäufer" genannt – verkauft und überträgt den vorstehend in Ziffer I. bezeichneten Grundbesitz einschließlich Aufbauten und Zubehör

an ....
– nachstehend „der Käufer" genannt.

Mitverkauft wird ...., ..., und zwar – soweit gesetzlich zulässig – ohne Haftung für etwaige Sachmängel. Über Bestand und Zustand der mitverkauften .... besteht Einigkeit zwischen den Vertragsparteien.

Verkaufsstörungen wegen des Mitverkaufs der beweglichen Sachen lassen den Grundstückskaufvertrag unberührt.

2. Kaufpreis

Der Kaufpreis für Grund und Boden, einschließlich Aufbauten und Zubehör und mitverkauften ...., beträgt insgesamt .... Euro

In Worten: .... Euro.

Der Kaufpreis ist fällig am ...., jedoch nicht vor Ablauf einer Woche nach Zugang einer durch einfachen Brief übersandten Mitteilung des Notars an den Käufer, dass bei ihm vorliegen:

- die Vorkaufsrechtsverzichtserklärung der zuständigen Gemeinde,
- die Löschungsunterlagen für das/die Grundpfandrecht/e ...., Abt. III lfd. Nr. ...., entweder auflagenfrei oder zu treuen Händen gegen Zahlung eines Ablösebetrags, der nicht höher sein darf als der Kaufpreis

- die Mitteilung des Grundbuchamtes über die Eintragung der nachbewilligten Eigentumsübertragungsvormerkung zu Gunsten des Käufers im Grundbuch.

Weitere Fälligkeitsvoraussetzung ist, dass das verkaufte Hausgrundstück besenrein geräumt ist, wozu sich der Verkäufer bis spätestens .... verpflichtet.

Bei Fälligkeit hat der Käufer aus dem Kaufpreis die nicht übernommenen Belastungen in der von der Gläubigerin angeforderten Höhe abzulösen und den danach verbleibenden Restbetrag an den Verkäufer auf dessen Konto Nr. ...., bei der .... zu zahlen.

Zahlungsbeträge müssen zum Fälligkeitstermin eingegangen sein.

Bei Verzug nicht gezahlte Beträge sind mit fünf Prozentpunkten über dem jeweiligen Basiszinssatz jährlich zu verzinsen.

Der Käufer unterwirft sich wegen der Zahlung des Kaufpreises nebst gesetzlicher Verzugszinsen ab heute dem Verkäufer gegenüber sowie der Verkäufer dem Käufer gegenüber wegen der Besitzverschaffung der sofortigen Zwangsvollstreckung aus dieser Urkunde in sein gesamtes Vermögen.

Dem jeweiligen Forderungsberechtigten kann jederzeit, ohne Nachweis der die Fälligkeit der Förderung begründenden Tatsachen, vollstreckbare Ausfertigung dieser Urkunde erteilt werden.

Mehrere Verpflichtete haften als Gesamtschuldner. Mehrere Berechtigte sind Gesamtgläubiger.

Der Notar wird angewiesen, den Umschreibungsantrag aus dieser Urkunde bei dem Grundbuchamt erst zu stellen, wenn die vollständige Bezahlung des Kaufpreises erfolgt oder dessen Bezahlung sichergestellt ist.

Demgemäß kann nur der Notar die Anträge aus dieser Urkunde bei dem Grundbuchamt stellen.

3. Sachmängelansprüche

Der Grundbesitz wird verkauft ohne Haftung für einen bestimmten Flächeninhalt.

Der Verkäufer haftet – soweit gesetzlich zulässig – nicht für sichtbare oder unsichtbare Sachmängel.

Der Zustand des Kaufobjekts ist dem Käufer bekannt; er kauft es im gegenwärtigen Zustand.

Der Verkäufer versichert jedoch, dass ihm keine verborgenen Mängel bekannt sind.

Für die Zulässigkeit einer weiteren Bebauung wird keine Haftung übernommen.

4. Rechtsmängelansprüche

Der Verkäufer haftet dafür, dass der verkaufte Grundbesitz frei ist bzw. freigestellt wird von nicht übernommenen, im Grundbuch eingetragenen und nicht eingetragenen Belastungen und Beschränkungen sowie von nicht übernommenen Zinsen, Steuern und Abgaben.

Solange und soweit dies nicht der Fall ist, kann der Käufer seine Zahlungen auf den Kaufpreis verweigern.

Das Gleiche gilt, wenn der Käufer für sonstige vom Verkäufer zu tragende Steuern haftet.

Der Notar wird beauftragt, unter Übersendung entsprechender Entwürfe die Löschungsunterlagen anzufordern.

Die Kosten der Löschung trägt der Verkäufer.

5. Erschließungsbeiträge

Erschließungsbeiträge nach dem Baugesetzbuch und Anliegerkosten nach landesrechtlichen Vorschriften sowie nach Gesetz und Satzung bestehende Kostenerstattungsbeträge, die bis zum gestrigen Tage durch Beitragsbescheid angefordert worden sind, trägt der Verkäufer.

Erschließungsbeiträge, Anliegerkosten und Kostenerstattungsbeträge, die ab heute angefordert werden, trägt der Käufer unabhängig vom Zeitpunkt des Eigentumswechsels.

Etwaige Rückerstattungsbeträge stehen dem Käufer zu und werden an diesen abgetreten; die Vertragsparteien werden die Abtretung selbst anzeigen.

6. Besitzübergang

Besitz, Nutzung, Gefahr und Lasten, einschließlich wiederkehrender Beiträge und alle Verpflichtungen aus den den Grundbesitz betreffenden Versicherungen, sowie sämtliche Verkehrssicherungspflichten gehen auf den Käufer über.

7. Miet und Pachtverhältnisse

Miet- und Pachtverhältnisse: ....

....

8. Kosten und Grunderwerbsteuer

Die mit dem Kaufvertrag verbundenen Notar- und Gerichtskosten sowie Grunderwerbsteuern trägt der Käufer.

9. Auflassung

Wir sind darüber einig, dass das Eigentum an dem verkauften Grundbesitz auf den Käufer – im angegebenen Beteiligungsverhältnis – übergehen soll.

Die Eintragung der Eigentumsänderung im Grundbuch wird hiermit bewilligt und beantragt.

10. Vormerkung

Die Beteiligten bewilligen und beantragen zur Sicherung des Anspruchs des Käufers auf Eigentumsübertragung die Eintragung einer Vormerkung auf dem verkauften Grundbesitz zu Gunsten des Käufers – in dem angegebenen Beteiligungsverhältnis –, und zwar nach den aufgeführten Vorlasten, sowie deren Löschung nach vertragsmäßiger Eigentumsumschreibung, es sei denn, dass Zwischeneintragungen ohne Mitwirkung des Käufers beantragt oder erfolgt sein sollten.

11. Sonstiges

Die Löschung aller Belastungen nach Maßgabe der Bewilligung der Berechtigten wird beantragt.

Der Notar kann alle Anträge aus dieser Urkunde geteilt stellen und zurücknehmen.

Auf die zu dieser Urkunde erforderlichen Genehmigungen und Bescheinigungen sowie die in Betracht kommenden gesetzlichen Vorkaufsrechte hat der Notar hingewiesen, insbesondere nach dem Grundstücksverkehrsgesetz und dem Baugesetzbuch.

Alle Genehmigungen werden wirksam mit ihrem Eingang bei dem Notar.

Dieser wird mit dem Vollzug der Urkunde beauftragt.

Die Beteiligten wurden darüber belehrt, dass das Eigentum erst auf den Käufer übergeht, wenn die Eintragung der Eigentumsänderung im Grundbuch erfolgt ist, diese jedoch nur vorgenommen werden kann, wenn die grunderwerbsteuerliche Unbedenklichkeitsbescheinigung des zuständigen Finanzamtes vorliegt.

Die Voraussetzungen des § 1365 BGB liegen nicht vor.

Das Grundbuch wurde am .... eingesehen.

Die Beteiligten erteilen dem/der Bürovorsteher/in ...., und der/dem Notariatsangestellte/n ...., und zwar jedem für sich, unter Befreiung von den Beschränkungen des § 181 BGB, Vollmacht, etwa erforderliche Berichtigungen und Ergänzungen zu diesem Vertrag zu erwirken und hierzu alle Erklärungen für sie abzugeben und entgegenzunehmen.

12. Belastungsvollmacht

Da der Käufer den Kaufpreis ganz oder teilweise finanziert, verpflichtet sich der Verkäufer, die zur Sicherung der Finanzierungsmittel erforderlichen Grundpfandrechte als derzeitiger Eigentümer mit zu bestellen, damit die Auszahlung der Darlehensvaluten schon vor Eigentumsumschreibung erfolgen kann. Eine persönliche Schuldschaft übernimmt der Verkäufer nicht und im Innenverhältnis zum Käufer auch keine Kosten.

Der Verkäufer ermächtigt hiermit den Käufer – bei mehreren Käufern jeden einzeln – unter Befreiung von den Beschränkungen des § 181 BGB und mit dem Recht, Untervollmachten zu erteilen, Grundpfandrechte in beliebiger Höhe nebst Zinsen und Nebenleistungen zu Lasten des verkauften Grundbesitzes in das Grundbuch eintragen zu lassen, alle hierzu erforderlichen Bewilligungen, auch Rangänderungen und Erklärungen sowie Anträge abzugeben, insbesondere auch den Grundbesitz dinglich der sofortigen Zwangsvollstreckung zu unterwerfen.

Von der Vollmacht darf im Innenverhältnis nur Gebrauch gemacht werden, wenn in den Grundpfandrechtsbestellungsurkunden klargestellt wird, dass die Grundpfandrechte bis zur vollständigen Kaufpreiszahlung nur zur Sicherung des von den Gläubigerin finanzierten und tatsächlich an den Verkäufer ausgezahlten Kaufpreises dienen, die Darlehensvaluten nach Maßgabe der in diesem Vertrag vereinbarten Fälligkeit an den Verkäufer bis zur Höhe des Kaufpreises abgetreten und die Grundpfandrechtsgläubiger angewiesen werden, die Darlehensvaluten nur an den Verkäufer oder an den amtierenden Notar zu zahlen.

Vorstehende Belastungsvollmacht ist gültig unabhängig von der Erteilung etwa erforderlicher öffentlich-rechtlicher oder gerichtlicher Genehmigungen.

Von vorstehender Vollmacht darf ferner nur vor dem amtierenden Notar oder dessen Vertreter Gebrauch gemacht werden.

Diese Niederschrift wurde vorgelesen, genehmigt und eigenhändig, wie folgt, unterschreiben:

Stichwortverzeichnis

A

B

C

D

E

F

G

H

I

J

K

L

M

N

O

P

Q

R

S

T

U

V

W

Z

Quellen

Literatur

Thor Alexander: Elektronischer Knigge / Rhombos Verlag

Bärmann/Pick: WEG / C. H. Beck

Petra Begemann: Der große Business-Knigge / Stark Verlagsgesellschaft

Frank Bettger: Erlebte Verkaufspraxis / Oesch Verlag

Alfred Bierach: Persönliches Image, Schlüssel zum Erfolg / Admos Media

Vera F. Birkenbihl: Erfolgstraining / MVG
Fragetechnik – schnell trainiert / MVG

Andreas Buhr: Die Umsatz-Maschine: Wie Sie mit Vertriebsintelligenz Umsätze steigern / Gabal-Verlag

Dale Carnegy: Wie man Freunde gewinnt / Fischer Taschenbuchverlag
Rede dich zum Erfolg / Heyne

Robert B. Cialdini: Überzeugen im Handumdrehen / MVG

Robert K. Cooper, Ayman Sawaf: Emotionale Intelligenz für Manager / Heyne

Charles Darwin: Der Ausdruck der Gemütsbewegungen bei den Menschen und den Tieren / Eichborn

Deutscher Mieterbund (Hg.): Das Mieterlexikon / Goldmann

Duden, Judith Engst: Routiniert telefonieren – leicht gemacht / bibliografisches Institut

René Egli: Das Lola-Prinzip / Editions d'Olt

Nikolaus B. Enkelmann: Mit Persönlichkeit zum Verkaufserfolg / Walhalla u. Praetoria
Die große Macht der Motivation / Linde
Führen muss man einfach können / Redline Wirtschaftsverlag

Faktum Lexikoninstitut: Lexikon der Psychologie / Bassermann

Georg Franck: Ökonomie der Aufmerksamkeit / Carl Hanser

Silke Frink: Der feminine Stil / Haufe-Lexware

Theo Gerardy, Rainer Möckel, Herbert Troff, Bernhard Bischoff (Hrsg.): Praxis der Grundstücksbewertung / Olzog

Rudolf Geser: Rechts-ABC für Immobilienmakler / Boorberg

Jonathan Glancey: Die Geschichte der Architektur / Dorling Kindersley

Daniel Golemann: EQ. Emotionale Intelligenz / Deutscher Taschenbuchverlag

Spencer Johnson, Larry Wilson: Das Minuten Verkaufstalent / Rororo

Holger Jung, Jean-Remy von Matt: Momentum – Die Kraft, die Werbung heute braucht / Lardon Verlag

Klaus Kempe, Peter P. Talkenberger, Horst A. Mehler: Immobilienprofis / Wirtschaftsverlag

Rolf Koch: Der Provisionsanspruch des Immobilienmaklers / Boorberg

André Kostolany: Die Kunst über Geld nachzudenken / Ullstein

Ralf Kröll, Andrea Hausmann: Rechte und Belastungen bei der Verkehrswertermittlung von Grundstücken / Werner

Jörg Lefèvre:
Die Heizkostenabrechnung / Kempkes
Quo vadis Heizkostenverteiler? / Bertram

Max Lüscher: Der 4-Farben-Mensch / Goldmann

Günter Mayer: Immobilien günstig ersteigern / Wal-halla u. Praetoria

Samy Molcho:
Körpersprache / Goldmann
ABC der Körpersprache / Hugendubel
Alles über Körpersprache / Goldmann

Joseph Murphy:
Die Macht Ihres Unterbewusstseins / Ariston
Ihr Weg zur inneren Sicherheit / Gondrom

Klaus D. Nielen: Immobilien-Verkauf / Klaus-Nielen-Institut

Mario Ohoven: Die Magie des Power-Selling / Mi-Verlag

Günter Ogger: Der Börsenschwindel / Bertelsmann

David Ogilvy: Geständnisse eines Werbemannes / Econ

Allan und Barbara Peace: Die kalte Schulter und der warme Händedruck / Ullstein

Roger Rankel, Marcus Neisen:
Endlich Empfehlungen / Grabar

Franz-Josef Rinsche: Erbschaft / Bechtermünz

Dagmar Röcken: Erfolgreich durch eigenen Stil / Econ

Adolf Rötzel: Schadstoffe am Bau / Fraunhofer IRB Verlag

Harriet Rubin:
Machiavelli für Frauen / Fischer Taschenbuchverlag

Oscar Schellbach: Mein Erfolgs-System / Verlag für positive Lebensführung

Schwarz, Schweppe:
Praxisbuch NLP / Südwest

Lothar J. Seiwert: Das neue 1x1 des Zeitmanagement / Gräfe und Unzer Verlag

Jürgen Simon, Wolfgang Kleiber, Roland Fischer, Karsten Schröter:
Verkehrswertermittlung von Grundstücken / Bundesanzeiger

Hans Otto Sprengnetter: Immobilienbewertung, Lehrbuch und Kommentar / Sprengnetter

Manfred Vogels: Grundstücks- und Gebäudebewertung marktgerecht / Bauerverlag BV

Martin Weiss: Das ultimative Überlebenshandbuch für die wirtschaftliche Depression / Wiley

Eggert Winter, Riccardo Mosena, Laura Roberts (Hrsg.): Gabler Wirtschaftslexikon / Gabler Verlag

Zig Ziglar: Der totale Verkaufserfolg / MVG

Besuchte Seminare

Nikolaus B. Enkelmann

Vera F. Birkenbihl

Samy Molcho

Klaus D. Nielen

Hans J. Gärtner

René Egli

Max Lüscher

Sabine Asgodom

Bodo Schäfer

Elke Rickenbach

Klaus Kobjoll

Josef Schmidt

Ronald P. Schweppe

Schellbach-Akademie

Gustav-Käser-Training

Andreas Buhr (Akademie für Führung und Vertrieb)

Heinz Goldmann

Meine Literaturempfehlungen

Thordis Eckhardt: Erfolgreiche Pressearbeit & PR in der Praxis / Grabener Verlag

Rudolf Koch: Immobilienwerbung – sicher vor Abmahnungen / Grabener Verlag

Samy Molcho: Körpersprache / Goldmann

Joseph Murphy: Die Macht Ihres Unterbewusstseins / Ariston

Sailer, Grabener, Matzen u. a.: Immobilien-Fachwissen von A–Z / Grabener Verlag

Erwin Sailer: Immobilien-Fachwissen im Test: 500 Fragen 500 Antworten / Grabener Verlag

Manfred Vogels: Grundstücks- und Gebäudebewertung marktgerecht / Bauverlag BV

Danke

Für die Unterstützung bei der Arbeit an diesem Buch möchte ich meinem Mann Thorsten Sandt, dem Journalisten Volker Thies und dem Notar Ernst-Dieter Irle danken. Darüber hinaus haben mir zahlreiche Freunde mit ihrer neutralen, unvoreingenommenen Meinung zum Manuskript wertvolle Impulse gegeben. Danken möchte ich auch den Mitarbeitern des Grabener Verlags für die stets sorgsame und gute Betreuung meines Buchprojekts und meinen vielen Trainingspartnern, die mich letztlich zum Schreiben dieses Buches bewogen haben.

Ihre Evelyn-Nicole Lefèvre-Sandt

– Anzeige –

Grabener Fachbuch

Der Grabener Verlag beschäftigt sich seit 1984 ausschließlich mit Themen rund um die Immobilienwirtschaft. In den vergangenen Jahren ist aus dem Redaktionsbüro ein Dienstleister mit umfangreichem Service entstanden. Gewachsene Verbindungen zu Organisationen, Verbänden, Fortbildungseinrichtungen und Betrieben in der Immobilienwirtschaft sorgen für die nötige Praxisnähe.

Der Grabener Verlag produziert die verschiedensten Mittel der Kundenbindung und bietet Leistungen im Bereich der Pressearbeit an. Wesentlicher Schwerpunkt ist die Produktion von Haus- und Kundenzeitungen – Print und Online. Hier ist besonders auf das Online-Lexikon „Immobilien-Fachwissen von A-Z" hinzuweisen.

Immobilien-Fachwissen von A–Z

Das Lexikon mit umfassenden Antworten und Erklärungen auf Fragen aus der Immobilienwirtschaft – mit mehr als 4.000 Stichwörtern.

Dieser Ratgeber hat sich seit seinem ersten Erscheinen 1996 von Auflage zu Auflage zu einem umfassenden Grundlagenwerk entwickelt, das die Profis der Branche, den Nachwuchs in der Ausbildung und den Interessierten anspricht. Der Leser erhält einen umfassenden Überblick über alle relevanten Gebiete. Namhafte Autoren und gestandene Praktiker erklären anschaulich und sprachlich verständlich komplexe Sachverhalte, ohne sich dabei in der Theorie zu verlieren. Beispiele, Bilder, Muster oder Übersichten ergänzen anschaulich die Darstellungen.

Autoren: Sailer, Grabener, Matzen uvm. / 9. Auflage 2010/2011 / ca. 1.000 Seiten 15,5 x 22 cm / Hardcover / ISBN 978-3-925573-439 / 48,00 Euro [D]

Immobilien-Fachwissen im Test – 500 Fragen 500 Antworten

Eine unentbehrliche Hilfestellung für die Ausbildung und Prüfung zum/zur Immobilienkaufmann/-frau, für das Selbststudium erfahrener Makler und als Seminargrundlage im Unternehmen.

Wer das große Potenzial dieser Branche beruflich nutzen will, braucht eine verlässliche Basis. In der Praxis kommt es darauf an, den Überblick zu behalten und die erworbene Sach- und Methodenkompetenz erfolgreich einzusetzen. Deshalb ist es gut, das eigene Wissen von Zeit zu Zeit zu prüfen. Der Leser kann sechzehn Themenbereiche mit Fragen und Antworten in Form von Multiple-Choice-Aufgaben bearbeiten und sein Wissen auf den Prüfstand stellen. Die Stärke des Buches liegt im Zusammenspiel mit dem Lexikon „Immobilien-Fachwissen von A–Z", das im Internet frei zugänglich ist.

Autor: Erwin Sailer / 3. überarbeitete Auflage 2012 / ca. 288 Seiten / 17 x 27 cm / Broschur / ISBN 978 3 925573 160 / 24,00 Euro [D]

– Anzeige –

Grabener Fachbuch

Die Eigentümerversammlung – wo, wann und wie

Praktischer Ratgeber für Wohnungseigentümer, Beiräte und Verwalter zur erfolgreichen Durchführung von Eigentümerversammlungen mit Erklärungen, Tipps, Mustern und rechtlichen Darstellungen.

Eigentümerversammlungen können anstrengend, langweilig oder nutzlos sein – müssen es aber nicht. Oft liegt es an mangelndem Wissen, wenn die Gemeinschaft ein Anliegen nicht praktisch durchsetzen kann. Das Buch beschreibt viele Vorgaben, Sonderregelungen und Ausnahmen. Volker Bielefeld erläutert, wie Vorhaben auf den Weg gebracht, praktische Lösungen gefunden und Beschlüsse richtig durchgesetzt werden.

Autor: Volker Bielefeld / 1. Auflage 11-2009 / ca. 104 Seiten / 15 x 21 cm / Broschur / ISBN 978-3-925573-408 / 19,80 Euro [D]

Hausordnung für Wohnungseigentümer

Praktischer Ratgeber mit Darstellung der rechtlichen Vorgaben und individueller Möglichkeiten, Formulierungsbeispielen und Muster-Hausordnung für Wohnungseigentümer, Verwalter und Juristen.

Fast jeder hatte schon einmal Stress mit den lieben Nachbarn und wünschte sich ein wirksames Instrument gegen Alltagsärger. Die Hausordnung kann eine elegante Lösung sein, den Hausfrieden zu erhalten oder schnell wieder herzustellen. Weil es dabei auf eine genaue Formulierung ankommt und rechtliche Vorgaben zu beachten sind, gibt Volker Bielefeld Tipps für eine rechtlich einwandfreie Handhabung.

Autor: Volker Bielefeld / 3. Auflage 2013 / ca. 96 Seiten / 15 x 21 cm / Broschur / ISBN 978-3-925573-514 / 21,00 Euro [D]

Erfolgreiche Pressearbeit & PR in der Praxis

Der Ratgeber für optimale Medienarbeit mit umfassenden Erklärungen, Konzepten, Tipps sowie Lösungswegen und Beispielen aus der Öffentlichkeitsarbeit.

Aus der Sicht eines Journalisten gibt „Erfolgreiche Pressearbeit & PR in der Praxis" den Marktakteuren auf sie zugeschnittenes Wissen und Werkzeuge in die Hand. Die Wissenschaftlerin und Praktikerin Thordis Eckhardt erschließt damit ein Stück Neuland. Dies insbesondere mit dem Kapitel über Social Media, das zunehmend Bedeutung im Arbeitsalltag der Immobilienwirtschaft erlangt. *(Frank Peter Unterreiner)*

Autorin: Thordis Eckhardt / 1. Auflage 2012 / ca. 240 Seiten 15,5 x 22 cm / Broschur / ISBN 978-3-925573-477 / 32,00 Euro [D]

Preise inkl. 7 % MwSt. Die Bücher können Sie über den Buchhandel beziehen oder direkt beim Grabener Verlag in Kiel. Am besten nutzen Sie dafür das Bestellformular im Internet unter www.grabener-verlag.de, Fachbücher